Norbert Müller

Zucchini, Tomaten & Kürbis

Die Gartenernte schnell verarbeiten und köstlich zubereiten.
Schmackhafte Rezepte auch für die Vorratshaltung

Südwest

Inhalt

Kürbis ist ein äußerst variables Gemüse und kann sogar schon zum Frühstück serviert werden.

Bei Zucchinis ist alles essbar, sogar die Blüten.

Das bunte Gemüse

Eine Portion Gemüse auf dem täglichen Speiseplan hält gesund. Aber auch das Auge isst mit. Zucchini, Tomaten und Kürbisse bestechen durch ihre kräftigen Farben von dunkelgrün über tiefrot bis orange. Und in den Zubereitungsmöglichkeiten sind sie so vielseitig wie nur wenige andere Gemüsesorten. Dürfen Sie im Freien wachsen, ist im Sommer und Herbst Erntezeit. Dank guter Lagerfähigkeit, wie etwa beim Kürbis, oder weltweiter Importe muss man aber auch im Winter nur noch selten auf ihren Genuss verzichten.

Wie die meisten Kürbisarten stammen auch die Zucchini von dem in Südamerika, Mexiko und auf den westindischen Inseln beheimateten Riesenkürbis ab.

Die Zucchini

Wie schon der Name andeutet, gehört die Zucchini zu der großen Familie der Kürbisse. Zucchini oder Zucchetti, wie es vor allem in der Schweiz heißt, ist nichts anderes als eine Verkleinerungsform des italienischen Worts für Kürbis, »zucca«. Sie ist wohl der am weitesten verbreitete Vertreter der Sommerkürbisse und harmonisiert mit fast allen Lebensmitteln. Zucchini schmecken roh wie gedünstet, frittiert oder gebraten. Angebaut werden sie in den Mittelmeerländern Italien, Frankreich, Spanien und Israel, wo man sie schon lang als alltägliches Sommergemüse genießt. In Deutschland war die Zucchini vor 20 Jahren noch relativ unbekannt. Ihre Verbreitung ging allerdings äußerst rasch vonstatten, und heute gehört sie schon wie selbstverständlich zum täglichen Gemüseangebot. Anbau im größeren Maß findet in Deutschland nicht statt, obwohl sie bei geringeren Wärmeansprüchen auch bei uns ausgezeichnet als Freilandsommergemüse gedeiht.

Ein Spaziergang über den Gemüsemarkt ist schon ein optischer Genuss.

Aussehen

Zucchini sind botanisch gesehen die fleischigen Beerenfrüchte einer schnell wachsenden, kurzstämmigen Pflanze mit dunkelgrünen, mitunter silbrig marmorierten Blättern. Die Früchte werden über 40 Zentimeter lang und bis zu zwei Kilogramm schwer, sind gurken- oder walzenförmig, sechskantig und am Ende stumpf oder auch rund. Da Zucchini aber recht ertragreiche Pflanzen und ausgewachsene Früchte fast geschmacklos sind, werden sie im Allgemeinen bei einer Größe von 15 bis 20 Zentimeter geerntet.

Nur wenige Sorten

Am häufigsten werden bei uns die glänzenden, gesprenkelten, dunkelgrünen bzw. hell- bis mittelgrünen Früchte der Sorten Onyx und Senator verwendet. Ab und zu begegnet man Vertretern der goldgelben Sorten, die im amerikanischen Raum stärker verbreitet sind. Hellgrüne Zucchini aus der Türkei, gelbgrün gestreifte oder weiße Früchte sind nur selten zu finden. Ebenso selten und relativ neu auf dem Markt sind die runden Zucchini der Sorte Tondi di Nizza.

Das ganze Jahr erhältlich

In der heutigen Zeit sind Zucchini das ganze Jahr über erhältlich. Während ein Anbau in Deutschland nur während der Sommermonate möglich ist, da es sich um eine äußerst frostempfindliche Pflanze handelt, sind Importe aus den Mittelmeerländern zu jeder Jahreszeit möglich. So liefern Italien und Spanien in den Monaten Februar bis Juli und September bis Dezember, während Frankreich die Lücke mit einer Erntezeit von Mai bis Oktober schließt.

Ein naher Verwandter der Zucchini ist der Flaschenkürbis oder Dudhi, dessen Früchte ebenfalls mit der Schale verarbeitet werden können.

Lagerung

Zucchini werden halbreif geerntet, da sie bei diesem Reifegrad schmackhafter sind und auch längere Transporte unbeschadet überstehen. Junge frische Zucchini sind bei einer Temperatur von 12 bis 13 °C und einer Luftfeuchtigkeit von 95 Prozent ca. eine Woche haltbar. Im Gemüsefach des Kühlschranks halten sie sich bei 7 bis 10 °C zwei bis drei Wochen. Niedrigere Temperaturen vertragen Zucchini nicht. Die Oberfläche wird weich, und sie verderben schnell.

Zucchini sollten nicht zusammen mit Obst gelagert werden, das Äthylen ausstrahlt. Da sie gegen diesen Stoff empfindlich sind, verderben sie dann rascher.

Küchenpraxis – einfach und schnell

Je kleiner Zucchini verwendet werden, desto schmackhafter sind sie. Schon die Blüten können verarbeitet werden. Besonders zusammen mit gerade entstehenden kleinen Früchten ergeben sie vorzügliche Gerichte. Junge Zucchini, die nicht länger als acht Zentimeter sind, eignen sich im Ganzen ausgezeichnet für Salate. Allerdings sind sie nur selten erhältlich.

Obwohl Zucchini auch roh verzehrt werden können, werden sie überwiegend in gegartem Zustand verwendet. Da bei Zucchini sowohl Schale als auch Kerne genießbar sind, sind sie meist mit geringem Aufwand zu verarbeiten. Ein weiterer Vorteil ist ihre kurze Garzeit.

Inhaltsstoffe

Zucchini sind leicht verdaulich und daher sehr bekömmlich. Sie enthalten zahlreiche lebenswichtige Nährstoffe. Die wichtigsten sind Kohlenhydrate, Eiweiß, die Mineralstoffe Kalzium und Phosphor, das Spurenelement Eisen und an Vitaminen vor allem Provitamin A und Vitamin C. Beim Kochen, Braten und Backen gehen die Vitamine leider größtenteils verloren.

Die Tomate

Die pralle, leuchtend rote Sommerfrucht hatte einen langen Weg zurückzulegen, ehe sie auch in unseren Breiten alltäglicher und beliebter Bestandteil des Speiseplans wurde.

Nach Deutschland gelangte die Tomate erst um 1890, wo sie zunächst aber nur ein Mauerblümchendasein fristete.

Der schwierige Weg nach Europa

Ursprünglich handelt es sich bei der Tomate um eine Wildpflanze aus den Andenregionen Perus und Ecuadors. Die ersten, die die Tomaten gezielt anbauten, waren die Azteken, die sie »tumatle« oder »tomatle« nannten und damit dieser Frucht ihren Namen gaben.

Den Weg nach Europa fand sie mit Kolumbus, der sie von seiner zweiten Amerikareise mitbrachte. Anfangs wurde die Tomate in Europa allerdings wenig geschätzt und fristete ihr Dasein als Zierpflanze. Ihre Früchte standen wegen ihres leicht bitteren Geschmacks im Verdacht, giftig zu sein. Erst im frühen 19. Jahrhundert wurde die Tomate als Lebensmittel eingesetzt.

Die Tomate wird in tropischen Regionen als zweijährige, in gemäßigten Zonen als einjährige Pflanze kultiviert.

Im Freien oder unter Glas

Erstmals in der deutschen Warenstatistik tauchte sie 1914 auf. Während des 1. Weltkriegs erfolgte ihr Durchbruch, und die Tomate wurde zu einem Volksnahrungsmittel mit stetig steigender wirtschaftlicher Bedeutung. In Europa beträgt die Anbaufläche für Tomaten heute ca. 500 000 Hektar.

Deutschland lebt überwiegend von Importen. Auf weniger als einem Prozent der Freilandanbaufläche werden Tomaten produziert. Etwas größere Mengen stammen aus dem Anbau unter Glas.

Der früchtereiche Strauch

Bei der Tomate handelt es sich um ein bis zu eineinhalb Meter groß werdendes krautiges Nachtschattengewächs. Die im Anbau verwendeten kultivierten Pflanzen sind einjährig und frostempfindlich. Die Grenze für den Freilandanbau ist etwa der 50. Breitengrad. Stängel und Blätter sind mit Drüsenhaaren besetzt, die der Pflanze den arteigenen Geruch verleihen. An mehr oder weniger verzweigten Stängeln hängen in Trauben gelbe Blüten und die Früchte. Eine Sonderform sind die Busch- oder Strauchtomaten, begrenzt wachsende Sorten, die weit verzweigt und niedrig im Wuchs sind.

Die »normale« Tomate

Die verbreitetsten Sorten sind runde und hochrunde Tomaten, sozusagen die normalen Tomaten. Fruchtgröße und Gewicht liegen bei 50 bis 80 Millimeter bzw. 75 bis 150 Gramm. Sie haben meist zwei bis vier Fruchtkammern, in denen zahlreiche gelbliche platte Samen in eine gallertartige Masse eingebettet sind. Das Fruchtfleisch enthält verhältnismäßig viel Fruchtsäure.

Im Freilandanbau sind Italien und Spanien führend, im Unterglasanbau die Niederlande. Insgesamt beläuft sich die deutsche Ernte auf einen Gesamtbetrag von durchschnittlich 20 000 Tonnen pro Jahr bei einem Bedarf von 400 000 Tonnen.

Die Fleischtomate

Steigender Beliebtheit erfreuen sich Fleischtomaten. Sie wiegen im Schnitt 250 bis 300 Gramm und sind unregelmäßig gerippt. Weitere Vorteile sind die dicken Fleischwände und die geringe Anzahl an Samenkernen, was für einen hohen Fleischanteil und eine große Schnittfestigkeit sorgt. Sie enthalten weniger Fruchtsäure und schmecken deshalb etwas süßer als die runden Tomaten.

In den letzten Jahren sind die wässrigen Treibhaustomaten immer mehr durch aus südlichen Ländern importierte Freilandtomaten ersetzt worden.

Die aromareichen Sorten

Die kleinste Sorte sind Kirsch- oder Cocktailtomaten, die nur eine Größe von 20 bis 30 Millimetern erreichen. Mit ihrer leuchtend scharlachroten Farbe und ihrem intensiven Geschmack sind sie ideal für den Rohgenuss. Aus dem trockenwarmen Klima der südlichen Mittelmeerländer stammen die Flaschentomaten, eine Buschtomatenart. Es handelt sich dabei um dickfleischige, kern- und saftarme Typen mit einem konzentrierten Aroma, die sich hervorragend für Saucen und Suppen eignen. Sie werden auch für die Produktionen von Dosentomaten verwendet.

Kalorienarm und gesund

Mit ca. 94 Prozent Wassergehalt ist die Tomate eines der kalorienärmsten Gemüse (100 Gramm haben nur 19 Kilokalorien), aber dennoch ein wertvolles und ausgesprochen gesundes Nahrungsmittel. Insgesamt enthalten Tomaten mindestens sieben Mineralstoffe, zehn Spurenelemente, 13 Vitamine, drei Fruchtsäuren, darunter Zitronensäure, und Zucker. Die rote Farbe der Tomaten beruht auf dem hohen Gehalt an den Farbstoffen Lycopin und Karotin.

Spurenelemente, Mineralstoffe und Vitamine

Bei den Spurenelementen sind vor allem Chrom, Selen, Mangan, Eisen und Kupfer von Bedeutung. Mit 200 Gramm Tomaten wird etwa ein Drittel des Tageschrombedarfs gedeckt. An Mineralstoffen lagern Tomaten vor allem Kalium, Mangan und Magnesium ein. Für Menschen, die Probleme bei der Verwertung von Zucker und Kohlenhydraten haben, ist die Tomate deshalb ein interessantes Nahrungsmittel. Selen übt eine vielfältige Schutzfunktion aus und ist wichtig für das Immunsystem. Tomaten sind hilfreich bei der Regelung des Säure-Basen-Haushalts, der Herzfunktion, des Fett- und Kohlenhydratstoffwechsels und der Informationsübertragung von Nerven und Muskulatur.

Tomaten enthalten viel Vitamin C und Folsäure, eine 200-Gramm-Portion deckt etwa die Hälfte des Tagesbedarfs. Doch auch Beta-Karotin, Vitamin B1, B6 und E sowie Pantothensäure kommen vor.

Gesundheitsschädliches Solanin

Grüne und unreife Stellen von Tomaten dürfen nicht verzehrt werden. Sie enthalten das giftige Alkaloid Solanin, das Kopfschmerzen und trockene Haut verursacht und entzündungserregend wirkt. Bei der Reifung nimmt der Gehalt an Solanin so stark ab, dass er praktisch nicht mehr nachweisbar ist.

Qualität einkaufen

Tomaten sollten eine leuchtend rote Farbe haben und fest und sauber sein. Früchte, die ihre volle Ausfärbung noch nicht erreicht haben, sind aber nicht unbedingt qualitativ minderwertig, da Tomaten gut nachreifen. Ideal dafür ist Zimmertemperatur.

Die so genannten Pomodori pelati – geschälte Tomaten in der Dose – kommen meist aus Sizilien. Die dafür verwendeten Tomaten sind so aromatisch, dass sie selbst als Konserve manch frischen nördlichen Artverwandten in den Schatten stellen.

Tomaten richtig lagern

● Tomaten sind kein eigentliches Lagergemüse, da sie sehr kälteempfindlich sind. Sie dürfen niemals einer Temperatur von unter 0 °C ausgesetzt werden. Reife Früchte können bei einer Temperatur von 8 bis 10 °C und einer Luftfeuchtigkeit von 80 Prozent eine Woche gelagert werden. Halbreife Tomaten halten sich bei ca. 12 °C etwa 14 Tage.

● Die Reifung von Tomaten kann beschleunigt werden, wenn man sie Äthylen aussetzt, d. h., wenn man sie zusammen mit Äpfeln oder Orangen aufbewahrt.

● Da Tomaten aber auch selbst Äthylen ausscheiden, sollten sie nie mit Gurken oder Blumenkohl gelagert werden, die dadurch vergilben und ihre feste Konsistenz verlieren.

Tomaten sollten immer bei Zimmertemperatur verzehrt werden, da sie sonst ihr Aroma nicht entfalten können.

Der Kürbis

In Mittel- und Südamerika wurde bereits vor 10 000 Jahren ein schnell wachsender Speisekürbis kultiviert und als wichtiges Nahrungsmittel geschätzt. Was sich aus dieser Stammform im Lauf der Zeit an Arten und Unterarten entwickelt hat, ist kaum mehr überschaubar.

Große Artenvielfalt

Eingeteilt in fünf botanische Arten, findet man sie überall, von den Tropen bis zu unseren gemäßigten Breiten. Da gibt es zum einen den Speise- oder Riesenkürbis (Cucurbita maxima), wie man ihn in den USA, in Mittel- und Südeuropa, aber auch in China, Japan und Ägypten kennt. Der Moschuskürbis (Cucurbita moschata) wird vor allem in Südostasien und Zentralamerika angebaut, da er hitzeunempfindlich ist. Nur in

Mittel- und Südamerika bekannt sind die vielfältigen Formen der Ayotekürbisse (Cucurbita mixta). Bei uns von größter Bedeutung sind die Gartenkürbisse (Cucurbita pepo). Zu ihnen gehört auch die Zucchini. Auch zählen die Bischofs- oder Kaisermütze, der Rondinikürbis und die Patissons, die in den USA weit verbreitet sind, zu dieser Artengruppe. Der Feigenblattkürbis (Curbita ficifolia) hat als Gemüse keine Bedeutung.

Sommer- und Winterkürbisse

Vom küchenpraktischen Standpunkt aus erweist sich eine Unterscheidung von Sommer- und Winterkürbissen als sinnvoller. Sommerkürbisse, die meist zur Art der Gartenkürbisse gehören und oft auch als Gemüse- oder Markkürbisse bezeichnet werden, weisen weiche Kerne und eine dünne, genießbare Schale auf. Sie können auch roh verzehrt werden, sind aber nur drei Wochen haltbar. Winterkürbisse, zu denen Riesen-, Moschus- und Butternusskürbis zählen, haben dagegen eine harte Schale und festes Fruchtfleisch, das gegart werden muss. Voll ausgereift geerntet, sind sie sehr lange haltbar. Ihre Kerne müssen geschält werden und können zu Kürbiskernöl verarbeitet werden.

Riesen- oder Speisekürbis

Diese größte und schwerste Kürbisart ist ein direkter Nachkomme der ersten bekannten Kürbisse. Hauptvertreter sind die Sorten Ghost Rider, der klassische amerikanische Thanksgiving-Kürbis, und Gelber Zentner, der in Europa weit verbreitet ist.

Die bedeutendsten europäischen Produzenten sind Italien mit 350 000 Tonnen pro Jahr, Frankreich und Griechenland mit je 70 000 Tonnen. In Deutschland findet der Kürbisanbau nur in Privatgärten statt.

Der Riesenkürbis ist eine einjährige frostempfindliche, rankende Pflanze. Die meist kugelförmigen Früchte können bis zu 100 Kilogramm schwer werden.

Gehaltvolles Fruchtfleisch

Die Schale ist glatt, orange bzw. gelb, hart und ungenießbar. Das Fruchtfleisch hat eine tieforange bis gelbe Farbe. Es ist stark wasserhaltig und enthält Kohlenhydrate in Form von Zucker, Eiweiß, Kalzium, Eisen, Provitamin A und Vitamin C. Mit 20 Kilokalorien pro 100 Gramm ist das Kürbisfleisch ein echter Schlankmacher und wirkt harntreibend.

Ernten und optimal lagern

Riesenkürbisse sollten im Herbst voll ausgereift mit einem zehn Zentimeter langen Stiel geerntet werden. Kühl und trocken gelagert, können sie dann bis weit ins Frühjahr aufbewahrt werden. Für eine längere Lagerzeit sollten Kürbisse die ersten zwei Wochen bei 24 °C gehalten werden, damit sie nachreifen und die Schale hart wird. Danach beträgt die optimale Lagertemperatur 10 bis 13 °C.

Die zu den Gartenkürbissen gehörende Kürbisart der Patissons wurde von den Indianern bereits im präkolumbischen Amerika angebaut.

Patisson

Wahrscheinlich sind die Patissons aus einer Kreuzung zwischen Gurke und Kürbis entstanden. Am meisten finden die gelben, grünen oder auch gesprenkelten Mini-Patissons oder Squash Verwendung.

Die Squash ist wärmebedürftiger als die Zucchini. Geringe Importe kommen aus Frankreich und Kenia. Es handelt sich dabei um die Früchte einer einjährigen rankenden Pflanze. Sie haben einen Durchmesser von 8 bis 15 Zentimeter, sind rund, platt und ähneln im Aussehen einem Diskus mit einem gewellten oder gelappten Rand. Die Inhaltsstoffe dieser Frucht entsprechen etwa denen der Zucchini. Der Geschmack erinnert etwas an Gurke oder Zucchini und ist nur wenig intensiv.

Rondini

Bei den Rondini, die ebenfalls zu den Gartenkürbissen zählen, handelt es sich um ein relativ neues Gemüse, das erst seit 1980 eine gewisse Bekanntheit erlangt hat. Die anfangs dunkelgrünen Früchte einer Kletterpflanze mit langen Trieben und Ranken erinnern an kleine Melonen und werden ca. zehn Zentimeter groß. Bei fortschreitender Reife färben sie sich orangerot. Sie sind reich an Mineralstoffen und Provitamin A und haben einen etwas eigenwilligen, aber dezenten Geschmack. Wie Zucchini werden Rondinis noch unreif geerntet. Sie eignen sich nicht zum Rohgenuss.

Vermutlich stammen die Rondini aus dem subtropischen Afrika oder Amerika. Einen festen Platz in der Küche haben sie eigentlich nur in der Provence.

Spaghettikürbis

Ein weiteres Mitglied der Gartenkürbisfamilie ist der Spaghettikürbis. Seine Früchte sind walzenförmig, cremefarben, glatt und ca. 25 Zentimeter lang. Die Besonderheit dieses Kürbisses, von der er auch seinen Namen hat, besteht darin, dass sein faseriges Fleisch spaghettiähnliche Fäden bildet, wenn man die Frucht im Ganzen 30 Minuten in Wasser kocht. Nach dem Aufschneiden werden die Samen entfernt und die Fäden mit einer Gabel herausgezogen.

Moschuskürbis

Moschuskürbisse, die es in vielen Farben und mit glatter und gerippter Schale gibt, finden erst in letzter Zeit den Weg auf unsere Märkte. Was sie interessant macht, ist ihre handliche Größe und der leicht an Muskat erinnernde Geschmack. Mit ihrer harten Schale können sie mehrere Monate gelagert werden. Zu ihnen gehört auch der aus Japan kommende Hokkaido-Kürbis und der birnenförmige Butternusskürbis.

Kürbis – die große Herausforderung

Schon die Größe einiger Kürbisarten kann einen davon abhalten, sie in den Speiseplan aufzunehmen. Dabei ist es bei größeren Früchten fast immer möglich, sie in Stücken zu kaufen.

Für das Arbeiten mit Kürbis ist ein schweres Kochmesser und etwas Kraftaufwand unentbehrlich, da nicht nur die Schale, sondern auch das Fruchtfleisch im rohen Zustand recht hart sein kann. Hat man sich die richtige Technik aber mit etwas Übung erst einmal angeeignet, steht einer vielseitigen Verwendung nichts mehr im Weg.

Eine Vorbereitung, die sich lohnt

Bei Rezepten, für die man Püree verwendet, ist es oft sinnvoller, den Kürbis mit Schale im Backofen zu garen und das Fruchtfleisch erst dann von der Schale zu lösen. Man kann die Frucht auch in große Stücke schneiden, zugedeckt in einem Bräter mit etwas Wasser schmoren lassen und das Fruchtfleisch dann durch ein Sieb streichen. So erhält man ein neutrales Püree, das sich äußerst vielseitig einsetzen lässt. Man kann es auch in größeren Mengen zubereiten und portionsweise auf Vorrat einfrieren.

Wenn man für die Zubereitung rohes Kürbisfleisch zum Raspeln oder Würfeln braucht, ist es am einfachsten, den Kürbis erst in Spalten zu teilen und anschließend die harte Schale streifenweise mit einem scharfen Messer abzulösen.

Zur Zubereitung von Püree werden Kürbisspalten in Alufolie gewickelt und im Ofen gegart. Dabei kann das Fruchtfleisch schon aromatisiert werden, z. B. mit braunem Zucker, Zimt, Anis, Nelken, Zitronenschale oder Portwein.

Der orangefarbene Riesenkürbis (Curcubita maxima) ist die bei uns bekannteste Kürbissorte.

Vorspeisen

Kürbismousse

Zubereitungs-
zeit: 1 Stunde
und 30 Minuten

419/1756 kcal/kJ
14 g Eiweiß
6 g Fett
75 g Kohlen-
hydrate

Zutaten für 4 Personen
*600 g Kürbis • 2 Äpfel • 250 g Zucker • abgeriebene Schale
von 1 Zitrone • 1 kleine Zwiebel • 1 grüne Chilischote
60 ml Apfelessig • 6 Blatt Gelatine • 1 Schalotte
1 EL Butter • 125 ml Gemüsebrühe • Salz, Pfeffer
Zitronensaft • 80 g Sahne*

1 Den Kürbis in Spalten schneiden, Innenteil und Kerne entfernen und in einen Bräter setzen. Bis zu einer Höhe von 2 Zentimeter mit Wasser auffüllen und 50 Minuten bei 180 °C (Gas Stufe 2–3) zugedeckt im Ofen garen. Abkühlen lassen, das Fruchtfleisch von der Schale schneiden und durch ein Sieb streichen.

2 Die Äpfel vierteln und mit 1/3 des Zuckers, 200 Milliliter Wasser und der Zitronenschale 30 Minuten zugedeckt kochen. In ein Passiertuch geben, nicht ausdrücken, sondern den Saft nur ablaufen lassen.

3 Die Zwiebel würfeln. Die Chilischote halbieren, entkernen und klein schneiden. Mit Essig aufkochen. Den restlichen Zucker darin auflösen.

4 Mit dem Saft der Äpfel vermischen und 15 Minuten bei schwacher Hitze kochen. Durch ein Sieb abgießen.

5 3 Blatt Gelatine in kaltem Wasser einweichen, ausdrücken und im Sirup auflösen. Den Boden einer Kastenform von 30 Zentimeter Länge ausgießen und das Gelee fest werden lassen. Auf die Seite legen und beide Seitenflächen ebenfalls mit Gelee ausgießen.

6 Die Schalotte abziehen, würfeln und in der Butter glasig dünsten. Mit dem Gemüsefond 10 Minuten kochen und durch ein Sieb abgießen. Unter das Kürbispüree rühren und mit Salz, Pfeffer und Zitronensaft würzen.

7 Die restliche Gelatine in kaltem Wasser einweichen, ausdrücken, in etwas warmem Wasser auflösen und zum Kürbispüree geben. Die Sahne steif schlagen und unterheben.

8 Die Kürbismasse in die Form füllen und fest werden lassen. Mit einer Schicht Gelee bedecken und kühl stellen.

Chicorée in Eihülle mit Kürbiskernpesto

Zutaten für 4 Personen

50 g geschälte Kürbiskerne • 2 Bund Petersilie • 2 EL Gemüsebrühe • 40 ml Kürbiskernöl • 50 ml Pflanzenöl • Salz, weißer Pfeffer • 4 Stauden Chicorée • 4 Eier • Paprikapulver, edelsüß • 50 g Mehl • 4 EL Öl

Zubereitungszeit: 35 Minuten

538/2254 kcal/kJ
14 g Eiweiß
47 g Fett
15 g Kohlenhydrate

1 Die Kürbiskerne in einer beschichteten Pfanne ohne Fettzugabe rösten. Die Petersilie waschen, trocknen und die Blätter abzupfen. Mit Gemüsebrühe, Kürbiskern- und Pflanzenöl pürieren. Mit Salz und Pfeffer würzen.

2 Die Chicoréestauden vierteln, 3 Minuten in kochendem Wasser blanchieren, abgießen und trockentupfen.

3 Die Eier mit Paprika, Salz und Pfeffer verrühren. Die Chicoréeviertel erst in Mehl, dann in Ei wenden und im heißen Öl einige Minuten von allen Seiten ausbacken.

4 Auf vier Teller verteilen, mit dem Pesto anrichten und sofort servieren.

Kaltes Kürbisgemüse

Zubereitungs-zeit: 50 Minuten

181/762 kcal/kJ
4 g Eiweiß
14 g Fett
10 g Kohlen-hydrate

Zutaten für 4 Personen

1 kg Kürbis • Salz, Pfeffer • 1 Tomate • 1 rote Paprikaschote
40 g Butter • 40 g Mehl • Paprikapulver, edelsüß • Essig
200 g Sauerrahm • 1 Bund Dill

1 Den Kürbis in Spalten schneiden, faserigen Innenteil und Kerne entfernen, das Fruchtfleisch von der Schale schneiden und hobeln. Salzen und 20 Minuten ziehen lassen.

2 Die Tomate abziehen, die Paprikaschote entkernen und beides würfeln.

3 Die Butter zerlassen, das Mehl einrühren und eine helle Mehlschwitze herstellen. Mit Paprika würzen.

4 Den Kürbis ausdrücken und mit Tomate und Paprika zur Mehlschwitze geben. Mit Essig und 200 Milliliter Wasser auffüllen und bei schwacher Hitze in 15 Minuten gar kochen.

5 Den Sauerrahm einrühren und mit Salz und Pfeffer abschmecken.

6 Den Dill hacken und über das Gemüse geben. Vor dem Servieren erkalten lassen.

Kürbisfleisch ist relativ dick, trocken und süß: Es ergibt Suppen von ausgesprochen sämiger Konsistenz.

Suppen und Eintöpfe

Kürbisessenz mit Zimtcroûtons

Zutaten für 4 Personen
1 kg Kürbis · 1 Staudensellerie · 1 Möhre · 2 Knoblauchzehen
2 cm Ingwerwurzel · 1 Chilischote · 500 g Rindfleisch aus
der Hesse oder Schulter · 10 Eiweiße · Salz, weißer Pfeffer
1 Zwiebel · 750 ml Gemüsebrühe · 2 Scheiben Weißbrot
2 EL Butter · Zimt

**Zubereitungs-
zeit: 1 Stunde**

**482/2026
kcal/kJ
38 g Eiweiß
28 g Fett
20 g Kohlen-
hydrate**

1 Den Kürbis in Spalten schneiden, Innenteil und Kerne entfernen, das Fruchtfleisch herausschneiden und raspeln.
2 Das Gemüse klein schneiden. Den Knoblauch pressen. Den Ingwer schälen, erst in Scheiben, dann in Stifte schneiden. Die Chilischote halbieren, entkernen und in Ringe schneiden. Das Rindfleisch würfeln.
3 Die so vorbereiteten Zutaten durch die mittlere Scheibe des Fleischwolfs treiben. Mit dem Eiweiß vermischen, salzen und in einen Topf geben. Die Zwiebel halbieren, hinzufügen.

4 Mit der Gemüsebrühe auffüllen und unter ständigem Rühren zum Kochen bringen. Wenn das Fleisch hochsteigt, nicht mehr rühren und 25 Minuten bei schwacher Hitze garen.
5 Die Zwiebel entfernen, die Suppe durch ein Sieb abgießen, die Flüssigkeit nochmals aufkochen und mit Salz und Pfeffer abschmecken.
6 Das Brot entrinden, in kleine Würfel schneiden, in der zerlassenen Butter leicht bräunen und mit Zimt bestreuen.
7 Die Suppe in Teller füllen und mit den Zimtcroûtons garnieren.

Kürbissuppe mit Apfel

**Zubereitungs-
zeit: 1 Stunde**

**367/1542 kcal/kJ
21 g Eiweiß
17 g Fett
27 g Kohlen-
hydrate**

Zutaten für 4 Personen
1 kg Kürbis • 1 Kartoffel • 1 Zwiebel • 1 Knoblauchzehe
2 EL Öl • Currypulver • 100 ml Weißwein • 400 ml Fleisch-
brühe • 200 g Sahne • 1 Apfel • 2 EL Weißweinessig • Zucker
Salz, schwarzer Pfeffer

1 Den Kürbis in Spalten schneiden, faserigen Innenteil und Kerne entfernen, das Fruchtfleisch von der Schale schneiden und würfeln. Die Kartoffel schälen, Zwiebel und Knoblauchzehe abziehen und alles würfeln.
2 Das Öl erhitzen und die vorbereiteten Zutaten anbraten. Mit dem Curry bestreuen und umrühren. Mit Weißwein, Brühe und Sahne aufgießen und bei schwacher Hitze 15 Minuten kochen.
3 Den Apfel vierteln, vom Kerngehäuse befreien und in Würfel schneiden. Zur Suppe geben und 5 Minuten ziehen lassen. Mit Essig, Zucker, Salz, Pfeffer abschmecken.

Kürbiscremesuppe

**Zubereitungs-
zeit: 1 Stunde
und 15 Minuten**

**243/1024 kcal/kJ
5 g Eiweiß
16 g Fett
15 g Kohlen-
hydrate**

Zutaten für 4 Personen
800 g Muskatkürbis • Salz, weißer Pfeffer • 1 Möhre
1 Staudensellerie • 1 rote Paprikaschote • 1 Zwiebel
2 cm Ingwerwurzel • 2 EL Öl • Currypulver • 100 ml Weiß-
wein • 600 ml Gemüsebrühe • 200 g Sahne • geriebene
Muskatnuss • Zucker • 4 Stängel Kerbel

1 Kürbis in Spalten schneiden, Innenteil und Kerne entfernen, Frucht- fleisch ablösen und raspeln, salzen und 20 Minuten ziehen lassen.

2 Das Gemüse klein schneiden. Die Zwiebel würfeln. Den Ingwer schälen und in Stifte schneiden.
3 Zwiebel und Ingwer in Öl andünsten, das Gemüse und den Kürbis zugeben, alles mit Currypulver bestreuen und umrühren. Mit Weißwein und Brühe aufgießen und zugedeckt etwa 30 Minuten kochen.
4 Die Suppe pürieren. Sahne einrühren, aufkochen und mit Muskatnuss, Zucker, Salz und Pfeffer abschmecken.
5 Auf vier Teller verteilen und mit dem Kerbel garnieren.

Bohneneintopf mit Kürbis

Zutaten für 4 Personen
250 g weiße Bohnen • Salz, Pfeffer • 2 Stängel Salbei
600 g Kürbis • 5 Schalotten • 750 ml Gemüsebrühe
300 g Backobst • 1/2 Bund Majoran • 1 Bund Petersilie
4 EL Kürbiskernöl

**Zubereitungs-
zeit: 2 Stunden**

321/1349 kcal/kJ
4 g Eiweiß
22 g Fett
**27 g Kohlen-
hydrate**

1 Die Bohnen mit reichlich Wasser bedecken, Salz und Salbei zufügen und 90 Minuten zugedeckt kochen.
2 Den Kürbis in Spalten schneiden, Innenteil und Kerne entfernen, Fruchtfleisch würfeln. Die Schalotten vierteln.
3 Die Gemüsebrühe erhitzen und die Schalotten 10 Minuten darin ziehen lassen. Den Kürbis zugeben und weitere 10 Minuten garen. Bohnen abgießen, abtropfen lassen und hinzufügen.
4 Das Backobst klein schneiden. Majoran und Petersilie hacken. Alles in die Suppe geben und erwärmen lassen. Mit Salz und Pfeffer abschmecken.
5 Den Eintopf mit Kürbiskernöl beträufeln.

Enteneintopf mit Kürbiskernklößchen

Zubereitungs-zeit: 1 Stunde und 30 Minuten

**679/2844 kcal/kJ
33 g Eiweiß
45 g Fett
34 g Kohlen-hydrate**

Schneiden Sie bei der Vorbe-reitung die Strüncke des Rosenkohls kreuzweise ein, damit sie eben-so rasch garen wie die zarte-ren Teile.

Zutaten für 4 Personen
1 Zwiebel • 3 Möhren • 750 g Rosenkohl • 2 Entenbrüste
1 EL Öl • 400 ml Geflügelbrühe • 1 Bund Thymian • Salz
Zucker • 50 g geschälte Kürbiskerne • 70 g Butter
100 g Mehl • 3 Eier • 2 kleine Äpfel • 1 Bund Petersilie

1 Die Zwiebel würfeln. Die Möhren schälen und in Stücke schneiden. Den Rosenkohl von welken Blättern befreien.

2 Die Entenbrüste auf der Fettseite rautenför-mig einschneiden. Auf der Unterseite in Öl anbra-ten. Auf die Fettseite le-gen und 15 Minuten im Ofen bei 180 °C (Gas Stu-fe 2–3) braten. Beiseite stellen und das Bratfett in einen Topf geben.

3 Die Zwiebel darin an-dünsten, das Gemüse zu-geben, mehrmals um-rühren und mit der Brühe und derselben Menge Wasser aufgießen.

4 Den Thymian hacken und zugeben. Mit Salz und Zucker würzen. 25 Minuten bei schwacher Hitze kochen.

5 Kürbiskerne im Mixer pürieren. 250 Milliliter Wasser mit Salz und But-ter aufkochen. Mehl und Kürbiskerne hineinschüt-ten. Rühren, bis sich die Masse als Kloß vom Topf-boden löst. Vom Herd nehmen und die Eier nacheinander einarbeiten.

6 Mit zwei Esslöffeln Nocken abstechen und in leicht gesalzenem Wasser 15 Minuten ziehen lassen.

7 Die Äpfel schälen, vom Kerngehäuse befreien und in Schnitze schnei-den. Die Entenbrust in Scheiben schneiden. Die Petersilie hacken.

8 Den Eintopf nochmals abschmecken, Kürbis-kernklößchen, Apfel, En-tenbrust und Petersilie hineingeben und 5 Minu-ten darin ziehen lassen.

Salate

Kürbissalat mit Schafskäse

Zutaten für 4 Personen
*400 g Moschuskürbis • 250 g Erbsen in der Schote
1 kleine Zwiebel • 2 Knoblauchzehen • 1 grüne Paprikaschote
2 Tomaten • 200 g Schafskäse (Feta) • 1 Peperoni • 3 EL Weißweinessig • 1 EL Zitronensaft • 6 EL Olivenöl • Salz, Pfeffer
1 Kopf Romanasalat • 50 g schwarze Oliven*

**Zubereitungs-
zeit: 30 Minuten**

**415/1741 kcal/kJ
15 g Eiweiß
33 g Fett
14 g Kohlen-
hydrate**

1 Den Kürbis in Spalten schneiden, Innenteil und Kerne entfernen, das Fruchtfleisch von der Schale lösen und in 1 Zentimeter dicke Streifen von 5 Zentimeter Länge schneiden. Die Erbsen aus den Hülsen palen und beides in Salzwasser 3 Minuten blanchieren. Abschrecken und abtropfen lassen.
2 Zwiebel und Knoblauch abziehen und fein würfeln. Die Paprikaschote halbieren, von Stielansatz, Kernen und weißen Zwischenwänden befreien und in Streifen schneiden. Die Tomaten waschen und achteln. Den Schafskäse zerbröckeln.
3 Die Peperoni hacken. Mit Essig, Zitronensaft, Öl, Salz und Pfeffer zu einer sämigen Sauce verrühren.
4 Die Romanablätter waschen, trockenschleudern und auf vier Teller verteilen. Kürbis, Erbsen, Zwiebel, Knoblauch, Paprika, Tomaten, Schafskäse und Oliven auf dem Salat anrichten und anschließend mit dem Dressing begießen.

TIPP Für den Kürbissalat können Sie auch Eissalat oder Batavia verwenden.

Kürbis-Zucchini-Salat

**Zubereitungs-
zeit: 30 Minuten**

**140/587 kcal/kJ
6 g Eiweiß
6 g Fett
15 g Kohlen-
hydrate**

Zutaten für 4 Personen
300 g Zucchini • 600 g Moschuskürbis • 2 Möhren
2 EL Zitronensaft • 2 rote Chilischoten • 1 rote Zwiebel
1/2 Eisbergsalat • Zucker • Salz, Pfeffer • 1/2 Bund Koriander
100 g Joghurt • 100 g Sauerrahm

1 Die Zucchini von Blütenansatz und Stielende befreien, den Kürbis in Spalten schneiden, Innenteil und Kerne entfernen und das Fruchtfleisch von der Schale schälen. Alles in eine Schüssel geben und 10 Minuten mit Zitronensaft marinieren.
2 Die Chilischoten halbieren und entkernen. Mit der Zwiebel in Ringe schneiden. Den Salat in Streifen schneiden. Alles zum Gemüse geben. Mit Zucker, Salz und Pfeffer würzen.
3 Koriandergrün fein schneiden und mit Joghurt und Sauerrahm vermischen. Mit Salz und Pfeffer abschmecken.
4 Den Salat auf Teller verteilen und mit der Sauce garnieren.

Der Moschuskürbis gehört zu den weniger bekannten Winterkürbissen: Sein festes, feines, oranges Fruchtfleisch gibt dem Salat einen nussigpfeffrigen Geschmack.

Kürbis-Rettich-Salat

Zutaten für 4 Personen
1/2 Kopf Weißkohl • 500 g Rettich • Salz • 700 g Kürbis
50 g geschälte Kürbiskerne • 4 EL Rotweinessig • 2 EL brau-
ner Zucker • 1 Bund Schnittlauch • 1/2 Bund Dill
6 EL Kürbiskernöl

**Zubereitungs-
zeit: 1 Stunde
und 20 Minuten**

**318/1332 kcal/kJ
7 g Eiweiß
24 g Fett
18 g Kohlen-
hydrate**

1 Den Weißkohl putzen und in feine Streifen schneiden. Den Rettich schälen und grob raspeln. Beides in einer Schüssel mischen, salzen und 1 Stunde ziehen lassen.
2 Den Kürbis in Spalten schneiden, Innenteil und Kerne entfernen, das Fruchtfleisch von der Schale schneiden, in feine Streifen hobeln und 2 Minuten in kochendem Wasser blanchieren. Die Kürbiskerne in einer beschichteten Pfanne ohne Fettzugabe vorsichtig anrösten.
3 Den Essig mit dem Zucker aufkochen und wieder erkalten lassen. Den Schnittlauch in Röllchen schneiden. Den Dill hacken.
4 Weißkohl und Rettich ausdrücken. Kürbisstreifen, -kerne und Kräuter unterheben und mit dem Essigsud anmachen. Das Kürbiskernöl getrennt dazu reichen.

INFO Zur Herstellung von Kürbiskernöl wird ein spezieller Ölkürbis verwendet, der wenig Fruchtfleisch und viele Kerne enthält. Ein äußerst hochwertiges Öl kommt aus Österreich, insbesondere aus der Steiermark. Das »steirische Kürbiskernöl« wird auf schonende Weise und ohne chemische Zusätze aus schalenlosen Kernen gewonnen. Die Kerne werden vor dem Pressen geröstet, was den unverkennbaren und intensiven Geschmack erzeugt.

Kürbissalat mit Früchten

**Zubereitungs-
zeit: 30 Minuten**

**190/795 kcal/kJ
1 g Eiweiß
1 g Fett
41 g Kohlen-
hydrate**

Zutaten für 4 Personen
400 g Kürbis · 200 ml Limettensaft · 100 g Gelierzucker
150 g blaue Weintrauben · 100g Brombeeren

1 Den Kürbis in Spalten schneiden, Innenteil und Kerne entfernen und Fruchtfleisch von der Schale lösen. In 5 Millimeter dicke Scheiben und dann in 2 Zentimeter große Rauten schneiden.

2 Den Limettensaft mit dem Gelierzucker mischen, die Kürbisrauten zugeben. 5 Minuten kochen und abkühlen lassen.
3 Halbierte und entkernte Trauben und Brombeeren unter den Kürbis heben.

Kürbis-Bohnen-Salat

**Zubereitungs-
zeit: 2 Stunden
und 15 Minuten**

**239/1001 kcal/kJ
4 g Eiweiß
23 g Fett
6 g Kohlen-
hydrate**

Zutaten für 4 Personen
200 g Wachtelbohnen · 4 Schalotten · 100 g geräucherter
Bauchspeck · 100 g eingelegter Kürbis · 1 Bund Frühlings-
zwiebeln · 1 Stängel Petersilie · 3 EL Kürbisflüssigkeit
Salz, Pfeffer · 1 Kopfsalat

1 Die Bohnen nachts in 1 Liter Wasser einweichen. Am nächsten Tag in 2 Stunden weich kochen.
2 Die Schalotten abziehen und achteln. Den Speck in Würfel schneiden, in einer Pfanne auslassen, die Schalotten zugeben und glasig dünsten.

3 Den Kürbis klein schneiden. Die Frühlingszwiebeln putzen und in Ringe schneiden. Die Petersilie waschen, trockentupfen und die Blättchen abzupfen.
4 Die Bohnen mit 100 Milliliter Kochwasser in eine Schüssel geben,

mit Kürbis, Speck, Schalotten, Frühlingszwiebeln und Petersilie vermischen. Die Kürbisflüssigkeit unterheben, mit Salz und Pfeffer würzen.

5 Den Salat waschen, trockenschleudern und die Blätter auf einer Salatplatte auslegen. Den Bohnensalat darauf anrichten.

Vegetarische Gerichte

Geschmorter Kürbis

Zutaten für 4 Personen
800 g Kürbis (vorzugsweise Butternusskürbis) • 2 rote Zwiebeln • 3 Knoblauchzehen • 4 cm Ingwerwurzel • 2 EL Öl
1 EL brauner Zucker • 125 ml Gemüsebrühe • 1 EL Fischsauce
1 TL Sojasauce • 1 TL Balsamicoessig • Salz, Pfeffer
1 EL Zitronensaft

Zubereitungszeit: 30 Minuten

**130/548 kcal/kJ
2 g Eiweiß
9 g Fett
11 g Kohlenhydrate**

1 Den Kürbis in Spalten schneiden, faserigen Innenteil und Kerne entfernen, das Fruchtfleisch von der Schale schneiden und würfeln.

2 Zwiebeln und Knoblauchzehen abziehen und würfeln. Die Ingwerwurzel schälen, zuerst in Scheiben, dann in Stifte schneiden.

3 Das Öl in einer großen Pfanne erhitzen und Zwiebeln, Knoblauch und Ingwer darin bei mittlerer Hitze 3 Minuten andünsten. Den Kürbis zufügen, mit Zucker bestreuen und 8 Minuten garen, bis der Kürbis goldbraun und mit Zucker überzogen ist.

4 Brühe, Fisch-, Sojasauce und Essig zugeben und die Flüssigkeit einkochen lassen.

5 Mit Salz und Pfeffer würzen und dann mit Zitronensaft beträufelt servieren.

Panierte Kürbisscheiben

Zubereitungs-
zeit: 30 Minuten

313/1314 kcal/kJ
9 g Eiweiß
16 g Fett
33 g Kohlen-
hydrate

Zutaten für 4 Personen
800 g Kürbis · Paprikapulver, edelsüß · Salz, Pfeffer · 2 Eier
50 g Mehl · 100 g Semmelbrösel · 4 EL Öl

1 Den Kürbis in Spalten schneiden, faserigen Innenteil und Kerne entfernen, das Fruchtfleisch von der Schale lösen und längs in 2 Zentimeter dicke Scheiben schneiden. Mit Paprikapulver, Salz und Pfeffer würzen.

2 Die Eier verschlagen. Die Kürbisscheiben erst in Mehl, dann in Ei und abschließend in Semmelbröseln wälzen.
3 Die panierten Scheiben im Öl bei schwacher Hitze auf jeder Seite 6 Minuten braten.

Kürbis-Auberginen-Gemüse in Koriandersauce

Zubereitungs-
zeit: 40 Minuten

198/834 kcal/kJ
5 g Eiweiß
14 g Fett
12 g Kohlen-
hydrate

Zutaten für 4 Personen
2 Auberginen · Salz, weißer Pfeffer · 500 g Kürbis · 2 EL Öl
2 EL gemahlener Koriander · 1 TL Kurkuma · Currypulver
Piment · Zimt · getrockneter Oregano · 2 EL Weißwein
100 ml Gemüsebrühe · 250 g Sauerrahm

1 Die Auberginen schälen, in mundgerechte Stücke schneiden und salzen. 15 Minuten ziehen lassen, damit die Bitterstoffe austreten.
2 Den Kürbis in Spalten schneiden, faserigen In-

nenteil und Kerne entfernen, das Fruchtfleisch von der Schale lösen und würfeln.
3 Das Öl in einer großen Pfanne erhitzen. Die Auberginen ausdrücken, zusammen mit dem Kürbis

in die Pfanne geben und 5 Minuten anbraten. Die Gewürze zugeben und unter Rühren 2 Minuten mitdünsten.
4 Das Gemüse mit Weißwein und Brühe aufgießen und zugedeckt 10 Minuten bei schwacher Hitze garen, bis das Gemüse weich ist.
5 Die Pfanne vom Herd nehmen, den Sauerrahm einrühren und mit Salz abschmecken. In der Pfanne servieren.

Patisson-Schalotten-Gemüse mit Cremolata

Zutaten für 4 Personen
300 g gelbe Mini-Patissons • 300 g grüne Mini-Patissons
200 g Schalotten • 2 EL Olivenöl • 1 Bund Thymian
125 ml Marsala • 2 EL Butter • Salz, Pfeffer • 4 Knoblauchzehen • 2 Bund Petersilie • abgeriebene Schale von 2 Zitronen

Zubereitungszeit: 35 Minuten

212/885 kcal/kJ
3 g Eiweiß
13 g Fett
15 g Kohlenhydrate

1 Die Patissons putzen und vierteln. Die Schalotten abziehen und ebenfalls vierteln.
2 Das Öl in einer großen Pfanne erhitzen. Patissons und Schalotten zugeben und in 10 Minuten bei mittlerer Hitze unter mehrmaligem Umrühren goldbraun braten.
3 Die Thymianblättchen abzupfen und hacken. Zum Gemüse geben. Mit dem Marsala ablöschen und die Butter einrühren. Mit Salz und Pfeffer würzen.
4 In der Zwischenzeit für die Cremolata die Knoblauchzehen abziehen und durchpressen. Die Petersilie fein hacken. Knoblauch, Petersilie und Zitronenschale zu einer Paste verarbeiten.
5 Das Gemüse auf vier Teller verteilen, darauf die Cremolata geben und sofort servieren.

Kürbispüree

Zubereitungs-
zeit: 1 Stunde
und 20 Minuten

231/972 kcal/kJ
5 g Eiweiß
19 g Fett
10 g Kohlen-
hydrate

Zutaten für 4 Personen
1 kg Kürbis • 100 g Sahne • 2 EL Butter • geriebene Muskat-
nuss • Ingwerpulver • Salz, Pfeffer • 50 g geschälte Kürbis-
kerne • 1 EL Kürbiskernöl

1 Den Kürbis vierteln, in einen Bräter setzen und 2 Zentimeter hoch mit Wasser aufgießen. Bei 180 °C (Gas Stufe 2–3) 50 Minuten zugedeckt im Ofen garen.
2 Etwas abkühlen lassen. Das Fruchtfleisch von der Schale lösen und durch ein Sieb in einen Topf streichen.

3 Sahne und Butter zum Püree geben und langsam erhitzen. Mit Muskatnuss, Ingwer, Salz und Pfeffer würzen.
4 Die Kürbiskerne in einer beschichteten Pfanne ohne Fettzugabe rösten.
5 Das Püree vor dem Servieren mit Kürbiskernen bestreuen und mit Kürbiskernöl beträufeln.

Kürbisgratin

Zubereitungs-
zeit: 1 Stunde
und 15 Minuten

473/1984 kcal/kJ
19 g Eiweiß
34 g Fett
23 g Kohlen-
hydrate

Zutaten für 4 Personen
1 kg Kürbis (vorzugsweise Muskatkürbis) • 200 ml Milch
100 g Sahne • 4 Eier • 1 EL Speisestärke • Salz, weißer Pfeffer
50 g Butter • 50 g Cashewkerne • 50 g geriebener Parmesan
50 g Semmelbrösel

1 Den Kürbis in Spalten schneiden, den Innenteil und die Kerne entfernen, das Fruchtfleisch fein würfeln.

2 Die Kürbiswürfel in einen Topf geben, mit Milch aufkochen und in 25 Minuten bei geringer Hitze weich garen.

3 Die Sahne einrühren und den Kürbis pürieren. Eier und Speisestärke unterheben. Mit Salz und Pfeffer würzen.
4 Eine Auflaufform buttern und die Kürbismasse einfüllen. Die Cashewkerne fein hacken, mit Parmesan und Semmelbröseln vermischen und den Auflauf damit bestreuen. Die restliche Butter in Flöckchen darauf setzen.
5 Den Auflauf 40 Minuten bei 180 °C (Gas Stufe 2–3) im Backofen überbacken.

Kürbisauflauf mit Bulgur

Zutaten für 4 Personen
200 g Bulgur • 600 g Kürbis • 2 Knoblauchzehen • 4 cm Ingwerwurzel • 1 Bund Thymian • 150 g geriebener Käse • Zimt Piment • Salz, Pfeffer • 1 EL Butter • 50 g Semmelbrösel

Zubereitungszeit: 1 Stunde und 30 Minuten

426/1788 kcal/kJ
20 g Eiweiß
16 g Fett
50 g Kohlenhydrate

1 Den Bulgur in eine Schüssel geben, mit kochendem Wasser aufgießen, umrühren und 15 Minuten quellen lassen.
2 Den Kürbis in Spalten schneiden, Innenteil und Kerne entfernen, Fruchtfleisch von der Schale lösen und würfeln.
3 Die Knoblauchzehen abziehen und durchpressen. Die Ingwerwurzel schälen, erst in Scheiben, dann in Stifte schneiden. Die Thymianblätter abzupfen und hacken.
4 Bulgur, Kürbis, Knoblauch, Ingwer, Thymian und 100 Gramm geriebenen Käse vermischen. Mit Zimt, Piment, Salz und Pfeffer würzen.
5 Eine Auflaufform buttern. Die Kürbismasse einfüllen, mit dem restlichen Käse und den Semmelbröseln bestreuen und bei 180 °C (Gas Stufe 2–3) 1 Stunde backen, bis der Kürbis sehr weich ist.

Kürbisbrot

Zubereitungs-
zeit: 2 Stunden

400/1675 kcal/kJ
12 g Eiweiß
7 g Fett
71 g Kohlen-
hydrate

Zutaten für 6 bis 8 Personen
600 g Kürbis • 350 g Dinkelmehl • 350 g Weizenvollkorn-
mehl (Type 1050) • 20 g Hefe • 100 ml Milch • 20 g brauner
Zucker • Ingwerpulver • Salz • 25 g Butter • Mehl zum
Ausstäuben • 1 EL Öl

1 Den Kürbis vierteln, in einen Bräter setzen und 2 Zentimeter hoch mit Wasser aufgießen. Bei 180 °C (Gas Stufe 2–3) 50 Minuten zugedeckt im Ofen garen.
2 Den Bräter aus dem Ofen nehmen und den Kürbis etwas abkühlen lassen. Das Fruchtfleisch von der Schale lösen und durch ein Sieb streichen.

3 Die Mehle in eine Schüssel sieben und eine Mulde in die Mitte drücken. Hefe hinein-bröckeln, mit Milch, Zucker und etwas Mehl verrühren. Zugedeckt an einem warmen Ort 20 Mi-nuten gehen lassen.
4 Kürbispüree, Ingwer, Salz und Butter zugeben und alles zu einem glatten Teig verkneten.

Schrecken Sie nicht zurück, der Arbeitsaufwand des Brotbackens lohnt sich: Kürbisbrot ist eine Delikatesse, die Ihnen kein Bäcker liefert.

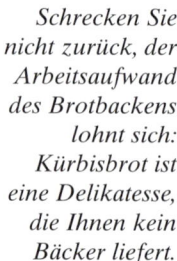

5 Ein rundes Brotform-
körbchen mit Mehl aus-
streuen, den Teig hinein-
geben und nochmals
30 Minuten gehen lassen.
6 Ein Backblech ölen,
den Teig darauf stürzen,
das Brot bei 220 °C (Gas
Stufe 4–5) im vorgeheizten
Ofen 15 Minuten backen.
Dann die Temperatur auf
200 °C (Gas Stufe 3–4)
zurückschalten und weite-
re 35 Minuten backen.

Kürbisflan

Zutaten für 4 Personen
800 g Kürbis • 2 EL Sahne • 10 Eigelbe • Salz, Pfeffer
2 EL Butter

**Zubereitungs-
zeit: 1 Stunde
und 40 Minuten**

1 Den Kürbis vierteln, in
einen Bräter setzen und
2 Zentimeter hoch mit
Wasser aufgießen. Bei
180 °C (Gas Stufe 2–3)
50 Minuten zugedeckt
im Ofen garen.
2 Herausnehmen und
etwas abkühlen lassen.
Das Fruchtfleisch von der
Schale lösen und durch
ein Sieb streichen.
3 Die Sahne in das Kür-
bismus einrühren und die
Eigelbe nach und nach
unterheben. Mit Salz und
Pfeffer würzen.
4 Die Butter zerlassen
und 4 feuerfeste Formen
gründlich damit auspin-
seln. Die Masse bis knapp
unter den Rand einfüllen
und die Formen leicht auf
die Arbeitsfläche auf-
schlagen, damit eventuell
entstandene Lufteins-
schlüsse entweichen.
5 Die Flans in ein Was-
serbad setzen und im
Ofen bei 170 °C (Gas Stu-
fe 2) 30 Minuten garen,
bis sie fest sind. Mit einem
Holzspieß hineinstechen.
Wenn nichts an ihm kle-
ben bleibt, ist der Flan
fertig.
6 Kurz abkühlen lassen
und auf Teller stürzen.

**249/1048 kcal/kJ
8 g Eiweiß
22 g Fett
6 g Kohlen-
hydrate**

Graupen-Kürbis-Gemüse

Zubereitungszeit: 1 Stunde und 15 Minuten

650/2730 kcal/kJ
20 g Eiweiß
33 g Fett
63 g Kohlenhydrate

Zutaten für 4 Personen
800 g Kürbis · 1 Zwiebel · 80 g Butter · 500 ml Gemüsebrühe · 1 Knoblauchzehe · 300 g Graupen · 200 ml Weißwein · 125 g Parmesan · Salz, weißer Pfeffer · 2 Stängel Salbei · 1 EL Olivenöl

Graupen sind polierte Gerstenkörner, die zwar weniger Vitamine, Ballast- und Mineralstoffe aufweisen, dafür aber leichter verdaulich sind als ganze Körner.

1 Den Kürbis in Spalten schneiden, faserigen Innenteil und Kerne entfernen, das Fruchtfleisch von der Schale lösen und grob würfeln. Die Zwiebel abziehen und dann ebenfalls würfeln.

2 25 Gramm Butter in einem Topf zerlassen und die Hälfte der Zwiebel darin andünsten. 1/3 der Kürbisstücke dazugeben und kurz mitbraten. Mit der Gemüsebrühe aufkochen, zugedeckt 10 Minuten garen und pürieren.

3 Die restliche Butter in einem Topf erhitzen und die verbliebenen Zwiebelwürfel darin dünsten, bis sie glasig sind.

4 Die Knoblauchzehe abziehen, durchpressen und mit den Graupen zu den Zwiebeln geben. Mit dem Weißwein ablöschen und die Flüssigkeit auf die Hälfte einkochen.

5 Das Kürbispüree unter die Graupen heben und bei schwacher Hitze unter ständigem Rühren 20 Minuten ziehen lassen. Die restlichen Kürbiswürfel zufügen und weitere 10 Minuten garen.

6 100 Gramm des Parmesans reiben und unter die Kürbismischung heben. Mit Salz und Pfeffer abschmecken.

7 Die Salbeiblätter abzupfen und kurz im Olivenöl braten. Den restlichen Parmesan in dünne Scheiben hobeln.

8 Das Graupengemüse auf vier Teller verteilen und mit Salbei und Parmesan belegen.

Frischkäsepie mit Kürbisfüllung

Zutaten für 4 bis 6 Personen
*500 g Kürbis • 180 g Mehl • 125 g Frischkäse • 125 g Butter
Butter für die Form • 2 Zwiebeln • 2 Knoblauchzehen
1 EL Öl • Curry • 3 Eier • 100 g Crème fraîche • Salz, Pfeffer
2 TL Kreuzkümmel*

**Zubereitungs-
zeit: 1 Stunde
und 30 Minuten**

**525/2201 kcal/kJ
13 g Eiweiß
38 g Fett
34 g Kohlen-
hydrate**

1 Den Kürbis vierteln, in einen Bräter setzen und 2 Zentimeter hoch mit Wasser aufgießen. Bei 180 °C (Gas Stufe 2–3) 50 Minuten zugedeckt im Ofen garen.

2 Den Bräter herausnehmen und den Kürbis etwas abkühlen lassen. Das Fruchtfleisch von der Schale lösen und durch ein Sieb streichen.

3 Das Mehl auf eine Arbeitsfläche sieben, Frischkäse und Butter in Flöckchen darauf setzen, mit den Fingern einarbeiten und zu einem glatten Teig verkneten. In Folie wickeln und 30 Minuten im Kühlschrank ruhen lassen.

4 Eine Pieform fetten. Den Teig auf einer bemehlten Arbeitsfläche rund ausrollen und den Boden der Form damit auskleiden. Den Teig am Rand hoch drücken. Bei 200 °C (Gas Stufe 3–4) 15 Minuten vorbacken.

5 Zwiebeln und Knoblauchzehen abziehen und würfeln. Das Öl erhitzen und Zwiebeln und Knoblauch darin glasig dünsten. Das Currypulver zugeben und einige Sekunden mitbraten.

6 Die Zwiebelmischung auf dem Boden der Pie verteilen. Eier, Crème fraîche und Kürbispüree verrühren, mit Salz und Pfeffer würzen und auf den Zwiebeln verteilen. Mit Kreuzkümmel bestreuen und bei 180 °C (Gas Stufe 2–3) 30 Minuten backen, bis die Füllung fest wird.

Pasta und Risotto

Kürbistortelli mit Walnusssauce

**Zubereitungs-
zeit: 1 Stunde
und 20 Minuten**

**1137/4762 kcal/kJ
39 g Eiweiß
66 g Fett
97 g Kohlen-
hydrate**

Zutaten für 4 Personen
Für den Teig: 450 g Mehl • 4 Eier • Salz • 3 EL Olivenöl
Mehl zum Ausrollen
Für die Füllung: 400 g Kürbis • 2 Eier • 50 g geriebener Hart-
käse • 25 g Amaretti • geriebene Muskatnuss • Salz, Pfeffer
Für die Sauce: 2 EL Butter • 100 g Walnüsse • 25 g Semmel-
brösel • 1 Knoblauchzehe • 50 g geriebener Parmesan
3 EL Olivenöl • 100 g Mascarpone • Salz, Pfeffer

1 Das Mehl auf ein Backbrett sieben und in die Mitte eine Mulde hineindrücken.

2 Die Eier verquirlen, salzen, mit dem Olivenöl in die Mulde gießen und das Mehl vom Rand her mit den Fingern untermischen.

3 Den Teig gut durchkneten, bis er geschmeidig ist. Mindestens 30 Minuten in ein feuchtes Tuch gewickelt ruhen lassen.

4 Den Kürbis in Spalten schneiden, Innenteil und Kerne entfernen, Fruchtfleisch von der Schale lösen und würfeln.

5 Die Kürbisstücke 10 Minuten in kochendem Salzwasser blanchieren. Bei 180 °C (Gas Stufe 2–3) im Backofen 5 Minuten ausdämpfen lassen.

6 Das Kürbisfleisch mit Eiern, Hartkäse und Amaretti pürieren und mit Salz, Pfeffer und Muskatnuss würzen.

7 Den Teig auf einer bemehlten Arbeitsfläche möglichst dünn ausrollen. Kreise von 7 Zentimeter Durchmesser ausstechen. Jeweils 1 Teelöffel von der Füllung darauf setzen und die Ränder mit Eiweiß bestreichen.

8 Die Kreise zu Halbmonden zusammenklappen. Den Rand um die Füllungen gut andrücken. Nun die Spitzen der Halbkreise auf der geraden Seite zusammenführen, andrücken, den hinteren Rand umklappen und auf diese Weise die Tortelli formen.

9 In einem großen Topf Salzwasser zum Kochen bringen. Die Tortelli einzeln hineingleiten lassen, 3 bis 4 Minuten garen und dann mit einem Schaumlöffel herausnehmen.

10 In der Zwischenzeit die Butter zerlassen, die Walnüsse hacken und mit den Semmelbröseln in der Butter anbraten.

11 Die Knoblauchzehe abziehen und durchpressen. Mit der Hälfte der Nussmischung, 100 Milliliter Wasser, Parmesan, Olivenöl und Mascarpone verrühren. Mit Salz und Pfeffer würzen.

12 Die Walnusssauce auf vier Teller verteilen, die Tortelli darauf setzen und mit der restlichen Nussmischung bestreuen.

Kürbisspätzle

Zutaten für 4 Personen
200 g Kürbispüree · 400 g Mehl · 4 Eier · geriebene Muskatnuss · Salz, Pfeffer

1 Aus Kürbispüree, Mehl und Eiern einen zähflüssigen Teig herstellen. Mit Muskatnuss, Salz und Pfeffer würzen.
2 In einem großen Topf reichlich leicht gesalzenes Wasser aufkochen.

3 Den Teig in einen Spätzlehobel füllen und portionsweise in das kochende Wasser hobeln. Die Spätzle ziehen lassen, bis sie oben schwimmen, herausschöpfen und kalt abschrecken.

Zubereitungszeit: 30 Minuten

443/1856 kcal/kJ
18 g Eiweiß
8 g Fett
73 g Kohlenhydrate

Kürbisrisotto mit Pfifferlingen

**Zubereitungs-
zeit: 1 Stunde
und 10 Minuten**

**447/1875 kcal/kJ
10 g Eiweiß
33 g Fett
25 g Kohlen-
hydrate**

Zutaten für 4 Personen

*800 g Muskatkürbis · Salz, Pfeffer · 2 Knoblauchzehen
6 EL Olivenöl · 1/2 Stange Lauch · 1 EL Tomatenmark
Paprikapulver, edelsüß · geriebene Muskatnuss · Zucker
2 Schalotten · 250 g Risottoreis (Arborio oder Carnaroli)
100 ml Weißwein · 750 ml Gemüsebrühe · 200 g Pfifferlinge · 2 EL Butter · 50 g geriebener Parmesan
1/2 Bund Petersilie*

1 Den Kürbis in Spalten schneiden, Innenteil und Kerne entfernen, das Fruchtfleisch von der Schale lösen, raspeln, salzen und 30 Minuten ziehen lassen. In ein Tuch geben und ausdrücken. Die Flüssigkeit dabei auffangen.

2 Den Knoblauch würfeln. Die Hälfte in 2 Esslöffeln Öl andünsten.

3 Lauch in Ringe schneiden und kurz mitbraten. Tomatenmark und Paprika unterrühren. Den Kürbis zugeben und 4 Minuten dünsten. 100 Milliliter Kürbissaft aufgießen und weitere 5 Minuten garen. Mit Muskat und Zucker würzen.

4 Die Schalotten würfeln. Die Hälfte davon in 2 Esslöffeln Olivenöl andünsten. Den Reis zugeben und kurz mitbraten. Mit dem Weißwein ablöschen und die Flüssigkeit einkochen.

5 Das Kürbisfleisch unterheben und mit der Hälfte der Brühe aufgießen. Den Reis bei schwacher Hitze in ca. 20 Minuten bissfest kochen. Dabei restliche Brühe zugeben.

6 Die Pfifferlinge putzen. Im verbliebenen Olivenöl restliche Schalotten und Knoblauch andünsten. Die Pfifferlinge hinzufügen und 4 Minuten mitbraten.

7 Zum Risotto geben. Butter und Parmesan unterheben und mit Salz und Pfeffer würzen.

8 Die Petersilie waschen, trockentupfen, hacken und über den fertigen Risotto streuen.

Kürbiskernrisotto mit Endiviensalat

Zutaten für 4 Personen

300 g Schalotten • je 1/2 Bund Thymian, Rosmarin und Salbei • 1 l Gemüsebrühe • 2 EL Olivenöl • 100 g geschälte Kürbiskerne • 400 g Risottoreis (Arborio) • 100 ml Weißwein 1 EL Kürbiskernöl • Salz, Pfeffer • 1 kleiner Kopf Endiviensalat 50 geriebener Parmesan

Zubereitungszeit: 30 Minuten

475/1990 kcal/kJ
15 g Eiweiß
31 g Fett
31 g Kohlenhydrate

1 Die Schalotten abziehen und vierteln. Die Kräuter gründlich waschen, trockentupfen und fein hacken.

2 Die Gemüsebrühe aufkochen und während der gesamten Zubereitung warm halten.

3 Das Olivenöl in einem Topf mit schwerem Boden erhitzen. Schalotten, Kürbiskerne und Kräuter darin anbraten.

4 Den Reis hinzufügen und in 2 Minuten glasig dünsten. Mit dem Weißwein ablöschen und die Flüssigkeit einkochen.

Etwa die Hälfte der Brühe angießen, gut umrühren und aufkochen lassen. Den Reis bei schwacher Hitze in 20 Minuten bissfest garen. Dabei gelegentlich umrühren, nach und nach die restliche Brühe dazugeben.

5 Wenn der Reis gar ist, das Kürbiskernöl hinzufügen und mit Salz und Pfeffer würzen.

6 Den Endiviensalat in dünne Streifen schneiden und unter den Risotto heben. Vor dem Servieren mit Parmesan bestreuen.

Fischgerichte

Garnelenspieße mit Lachs und Kürbis

**Zubereitungs-
zeit: 40 Minuten**

**399/1667 kcal/kJ
64 g Eiweiß
11 g Fett
8 g Kohlen-
hydrate**

Zutaten für 4 Personen

*400 g Kürbis • Salz, Pfeffer • 300 g Lachsfilet • 300 g See-
teufel • 1 Bund Frühlingszwiebeln • 16 Garnelen
2 EL Weißwein • 2 EL Olivenöl • 1/2 Bund Koriander*

1 Den Kürbis in Spalten schneiden, faserigen Innenteil und Kerne entfernen, das Fruchtfleisch von der Schale lösen und würfeln. Auf ein Backblech geben, salzen und 6 Minuten bei 220 °C (Gas Stufe 4–5) im Ofen backen.
2 Den Fisch abbrausen, trocknen und würfeln.

3 Die Frühlingszwiebeln putzen, den grünen Teil in dünne Ringe, den weißen in Stücke schneiden.
4 Kürbisfleisch, Fischwürfel und die weißen Frühlingszwiebelstücke abwechselnd auf 8 Holzspieße stecken; an den Enden jeweils mit Garnelen abschließen.

*Kürbis passt
geschmacklich
ausgezeichnet in
die exotische
Gesellschaft von
Garnelen und
Koriander.*

5 Die Spieße auf ein Backblech legen, salzen, pfeffern, mit Weißwein und Öl beträufeln und mit Zwiebelgrün bestreuen.

Bei 200 °C (Gas Stufe 3–4) 8 Minuten braten. **6** Den Koriander hacken und vor dem Servieren über die Spieße streuen.

Garnelen auf Patissongemüse gedämpft

Zutaten für 4 Personen

500 g Mini-Patissons • 2 Knoblauchzehen • 1 rote Chilischote • 2 cm Ingwerwurzel • 100 ml Reiswein • 2 EL Sojasauce 2 EL Kürbiskernöl • 1 Bund Koriander • 12 Garnelen à 50 g, roh, ohne Kopf • Salz, Pfeffer • 4 Blätter Chinakohl

Zubereitungszeit: 1 Stunde

297/1243 kcal/kJ 34 g Eiweiß 12 g Fett 9 g Kohlenhydrate

1 Die Patissons waschen, putzen und vierteln. In kochendem Salzwasser 3 Minuten blanchieren, abgießen, abschrecken und abtropfen lassen.
2 Den Knoblauch pressen. Die Chilischote halbieren, entkernen und hacken. Die Ingwerwurzel fein reiben.
3 Reiswein, Sojasauce und Kürbiskernöl aufkochen. Knoblauch, Chilischote und Ingwer einrühren, 5 Minuten ziehen, dann abkühlen lassen. Koriander schneiden und in den Sud geben.

4 Die Garnelen mit dem Panzer vom Rücken her aufschneiden, aber nicht ganz durchtrennen, und aufklappen. Den Darmfaden entfernen.
5 Die Patissons mit der Hälfte des Würzsuds vermischen und mit Salz und Pfeffer würzen.
6 Den Chinakohl in einen chinesischen Dämpfkorb legen, mit der restlichen Sauce begießen, zuerst das Gemüse, dann die Garnelen darauf legen. Verschließen und 10 Minuten über Salzwasser dämpfen.

Thunfischsteaks auf roten Linsen mit Kürbis

Zubereitungs-zeit: 1 Stunde

528/2210 kcal/kJ
41 g Eiweiß
27 g Fett
31 g Kohlen-hydrate

Zutaten für 4 Personen

400 g Kürbis • 1 TL gemahlener Kardamom • 1 kleine Zwiebel • 1 EL Butter • 1 TL gemahlener Koriander • 1 TL gemahlener Kreuzkümmel • 200 g rote Linsen • 2 EL Sherryessig 1 Lorbeerblatt • 1 EL Sojasauce • 1 TL Sesamöl • Salz, weißer Pfeffer • 4 Thunfischsteaks à 200 g • 1 EL Zitronensaft 2 EL Sonnenblumenöl

1 Den Kürbis in Spalten schneiden, faserigen Innenteil und Kerne entfernen.

2 Mit dem Kardamom bestreuen und in Alufolie wickeln. Im Backofen bei 180 °C (Gas Stufe 2–3) 50 Minuten garen.

3 Die Zwiebel abziehen und fein würfeln. In einem großen Topf in der Butter andünsten, Koriander und Kümmel zugeben, umrühren, Linsen, Essig und Lorbeerblatt hinzufügen und mit Wasser aufgießen, so dass es 1 Zentimeter über den Linsen steht.

4 Die Linsen in 25 Minuten weich kochen. Das Lorbeerblatt entfernen und Sojasauce und Sesamöl einrühren.

5 Das Kürbisfleisch von der Schale lösen und in Stücke schneiden. Zu den Linsen geben und erwärmen, aber nicht mehr kochen. Mit Salz und Pfeffer abschmecken.

6 Die Thunfischsteaks mit Salz und Pfeffer einreiben und mit dem Zitronensaft beträufeln. Das Öl erhitzen und die Thunfischsteaks darin bei mittlerer Hitze etwa 10 Minuten lang goldbraun braten. Dabei einmal wenden.

7 Das Linsen-Kürbis-Gemüse auf vier Teller verteilen und den Fisch darauf anrichten.

Fleisch und Geflügel

Kleine Kürbisse mit Lammhackfüllung

Zutaten für 4 Personen
*8 Patissons à 250 g • 1 Zwiebel • 2 Knoblauchzehen • 2 EL Öl
400 g Lammhackfleisch • 1 Staudensellerie • 1 TL Fenchelsamen • 1 TL Kreuzkümmel • 1 TL Koriandersamen
200 g Tomaten • Curry • Salz, Pfeffer • 1 Bund Minze
100 g Joghurt • 2 Eier*

**Zubereitungs-
zeit: 1 Stunde
und 45 Minuten**

**473/1992 kcal/kJ
28 g Eiweiß
32 g Fett
19 g Kohlen-
hydrate**

1 Einen 1 Zentimeter dicken Deckel von den Patissons schneiden und diese mit einem Kugelausstecher aushöhlen, so dass ein Rand von 1 Zentimeter stehen bleibt.
2 Das Fruchtfleisch fein hacken. Die Patissons 5 Minuten in kochendem Salzwasser blanchieren, abschrecken und abtropfen lassen.
3 Zwiebel und Knoblauchzehen abziehen und würfeln. Im heißen Öl andünsten und das Hackfleisch zugeben. Unter Rühren 5 Minuten braten.
4 Den Staudensellerie hacken. Fenchelsamen, Kümmel und Koriander mit einem Mörser zerstoßen. Die Tomaten abziehen und würfeln. Die so vorbereiteten Zutaten mit dem Kürbisfruchtfleisch zum Hackfleisch geben und 10 Minuten mitdünsten. Mit Curry, Salz und Pfeffer würzen. Vom Herd nehmen.
5 Die Minze hacken und mit Joghurt und Eiern unter das Hackfleisch heben.
6 Die Patissons innen salzen, mit der Hackfleischmasse füllen und in eine Auflaufform setzen. Etwas Wasser zugießen und bei 180 °C (Gas Stufe 2–3) 45 Minuten im Ofen backen.

Von Minze gibt es zahlreiche Sorten. Welche Sie für Ihr Gericht wählen, richtet sich nach Ihrer Vorliebe für Menthol: Grüne oder rötliche Pfefferminze schmeckt intensiver als krause Minze.

Kaninchenkeulen mit Kürbisgemüse

**Zubereitungs-
zeit: 1 Stunde
und 10 Minuten**

**537/2248 kcal/kJ
53 g Eiweiß
27 g Fett
19 g Kohlen-
hydrate**

Zutaten für 4 Personen

*300 g Kürbisfleisch • 200 g Zucchini • 100 g Möhren
100 g Lauch • 2 Staudensellerie • 200 g Kartoffeln
6 Schalotten • 2 EL Butter • 1 Lorbeerblatt • 3 Zweige
Thymian • 8 Kaninchenkeulen • Salz, Pfeffer
250 ml Gemüsebrühe*

1 Sämtliches Gemüse putzen, eventuell schälen oder waschen und in mundgerechte Stücke schneiden. Die Schalotten abziehen und vierteln.

2 Eine große Auflaufform mit Butter einfetten und die vorbereiteten Zutaten hineinfüllen. Das Lorbeerblatt und die Thymianzweige in das Gemüse legen.

3 Die Kaninchenkeulen salzen, pfeffern und auf das Gemüse legen. Bei 200 °C (Gas Stufe 3–4) 45 Minuten im Ofen braten. Nach 15 Minuten die Gemüsebrühe angießen.

4 Die Kaninchenkeulen auf Teller legen, das Gemüse mit Salz und Pfeffer abschmecken und anschließend um die Keulen verteilen.

*Kaninchen
schmeckt auch
ohne Knoblauch
und Rosmarin:
Mit Kürbis und
Gemüse wird es
zart, süß und
saftig.*

Schweinefleischcurry mit Kürbis

Zutaten für 4 Personen

500 g Kürbis · 500 g mageres Schweinefleisch · 1 EL Öl
1 EL rote Currypaste · 250 ml Kokosmilch · 6 Kaffir-Limetten-
blätter · 60 g Kokoscreme · 1 EL Fischsauce · 1 TL brauner
Zucker · Salz, weißer Pfeffer · 2 rote Chilischoten

**Zubereitungs-
zeit: 45 Minuten**

**410/1718 kcal/kJ
29 g Eiweiß
27 g Fett
13 g Kohlen-
hydrate**

1 Den Kürbis in Spalten schneiden, faserigen Innenteil und Kerne entfernen, das Fruchtfleisch von der Schale lösen und in mundgerechte Stücke schneiden. Das Schweinefleisch ebenfalls in gleich große Würfel schneiden.
2 Das Öl erhitzen und die Currypaste 1 Minute andünsten. Das Schweinefleisch zugeben und unter Rühren in 5 Minuten bei mittlerer Hitze goldbraun braten.

3 Die Kürbiswürfel zugeben und mit Kokosmilch und 125 Millliter Wasser aufgießen. Die Limettenblätter hinzufügen und 20 Minuten bei schwacher Hitze garen, bis das Fleisch weich ist.
4 Kokoscreme, Fischsauce und Zucker einrühren. Mit Salz und Pfeffer würzen.
5 Die Chilischoten in dünne Ringe schneiden und vor dem Servieren über das Curry streuen.

Vorsicht mit der Currypaste: Je nach Fabrikat kann sie ungeheuer scharf sein! Ein kleiner Probelauf kann unter Umständen böse Überraschungen vermeiden.

INFO Den aromatischen Extrakt von Kokosnussfleisch gibt es als flüssige Kokosmilch in Dosen und als feste Kokoscreme im Block zu kaufen. Beides bekommen Sie günstig in Asienläden. Das milde Kokosnussaroma harmoniert mit exotisch-scharfen Zutaten wie Currypulver, Chilischoten oder der feinen Würze von Blättern der Kaffir-Limette, einer Zitronenart aus Indien, China und Indonesien. Frische oder getrocknete Zweige mit Zitronenblättern erhalten Sie ebenfalls in Asienläden.

Hasenrücken auf Kürbisragout

**Zubereitungs-
zeit: 1 Stunde**

**367/1540 kcal/kJ
33 g Eiweiß
18 g Fett
18 g Kohlen-
hydrate**

**Bei Reh, Hirsch
und Hase sind
Rücken und
Keulen die
edelsten Teile
zum Braten
oder Schmoren.**

Zutaten für 4 Personen
*800 g Kürbis • 1 kleine Zwiebel • 2 cm Ingwerwurzel
2 EL Butter • 400 ml Gemüsebrühe • 250 g Sahne • Salz,
Pfeffer • 1 Bund Thymian • 1/2 Bund Salbei • 1 Knoblauchzehe • abgeriebene Schale von 1 Zitrone • 40 g Semmelbrösel • 2 ausgelöste Hasenrücken • 2 EL körniger Senf • 1 EL Öl*

1 Den Kürbis in Spalten schneiden, faserigen Innenteil und Kerne entfernen, das Fruchtfleisch von der Schale lösen und in Würfel schneiden.

2 Die Zwiebel abziehen und würfeln. Die Ingwerwurzel schälen, erst in Scheiben, dann in Stifte schneiden.

3 Die Butter in einem Topf zerlassen und Zwiebel und Ingwer andünsten. Kürbisstücke zugeben und 5 Minuten mitbraten. Mit der Gemüsebrühe aufgießen und zugedeckt 10 Minuten garen. Aufdecken und so lang garen, bis die Flüssigkeit um die Hälfte reduziert ist.

4 Die Sahne hinzufügen und etwa 10 Minuten ein-

kochen, bis die Sauce eine cremige Konsistenz erhält. Mit Salz und Pfeffer würzen.

5 In der Zwischenzeit Kräuter waschen, trocknen und hacken. Knoblauchzehe abziehen und fein hacken. Beides mit Zitronenschale und Semmelbröseln vermischen.

6 Die Hasenrücken salzen, pfeffern, mit Senf einreiben und mit der Kräutermischung bestreuen.

7 Ein Backblech einölen, die Hasenrücken darauf legen und im Backofen bei 220 °C (Gas Stufe 4–5) 15 Minuten braten.

8 Das Kürbisragout auf vier Teller verteilen und die Hasenrücken darauf anrichten.

Kürbis-Mango-Curry mit Rindfleischstreifen

Zutaten für 4 Personen

800 g Kürbis • 4 EL Rotweinessig • 2 Schalotten • 1 rote Chilischote • 6 EL Öl • 2 EL mildes Currypulver • 1 EL brauner Zucker • abgeriebene Schale und Saft von 1 Limette • 1 Mango Salz, Pfeffer • 600 g Rinderfilet • 1 TL gemahlener Koriander Kreuzkümmel • 200 g Joghurt • 1/2 TL Chilipulver

Zubereitungs-zeit: 35 Minuten

506/2123 kcal/kJ
37 g Eiweiß
29 g Fett
24 g Kohlen-hydrate

1 Den Kürbis in Spalten schneiden, faserigen Innenteil und Kerne entfernen, das Fruchtfleisch von der Schale lösen und würfeln. Mit dem Rotweinessig übergießen.

2 Die Schalotten abziehen und hacken. Die Chilischote halbieren, entkernen und in dünne Ringe schneiden.

3 4 Esslöffel Öl erhitzen. Schalotten und Currypulver darin kurz andünsten. Kürbis, Chilischote, braunen Zucker, Limettenschale und -saft zugeben. Bei schwacher Hitze 15 Minuten garen.

4 Die Mango schälen, das Fruchtfleisch vom Kern schneiden und würfeln. Unter das Kürbisgemüse heben, erwärmen und mit Salz und Pfeffer würzen.

5 Das Rinderfilet in Streifen schneiden. In Koriander und Kreuzkümmel wälzen, restliches Öl erhitzen und das Fleisch 5 Minuten braten. Mit Salz und Pfeffer abschmecken.

6 Den Joghurt mit dem Chilipulver verrühren. Das Kürbisgemüse auf vier Teller verteilen, die Filetstreifen darauf geben, in die Mitte einen Klecks Joghurt setzen.

INFO Limetten aus tropischen Ländern sind etwa doppelt so saftig wie Zitronen, schmecken jedoch trotz ihres hohen Säuregehalts milder und aromatischer.

Stubenküken mit Kürbisfüllung

**Zubereitungs-
zeit: 2 Stunden**

**572/2395 kcal/kJ
24 g Eiweiß
41 g Fett
25 g Kohlen-
hydrate**

Zutaten für 4 Personen

*600 g Kürbis · 1 TL brauner Zucker · 1 TL abgeriebene Zitro-
nenschale · 1 TL abgeriebene Orangenschale · 2 EL Portwein
5 cm Zimtstange · 3 Nelken · 100 g Weißbrot · 100 g Butter
1 Staudensellerie · 1 EL Öl · 2 Eier · 2 EL Semmelbrösel
2 EL Cointreau · 1 EL Honig · Zimt · Piment · Salz, Pfeffer
4 Stubenküken · 1 TL chinesisches 5-Gewürze-Pulver
2 EL Kürbiskernöl*

1 Den Kürbis in Spalten schneiden, Innenteil und Kerne entfernen und auf ein großes Stück Alufolie legen. Mit Zucker, Zitronen- und Orangenschale bestreuen. Mit Portwein beträufeln, Zimtstange und Nelken dazulegen und die Alufolie verschließen. Im Backofen bei 200 °C (Gas Stufe 3–4) 50 Minuten garen.

2 Das Weißbrot in Würfel schneiden und die Hälfte davon in 2 Esslöffeln Butter goldbraun rösten.

3 Den Staudensellerie klein würfeln und im Öl 3 Minuten andünsten.

4 Das Kürbisfleisch von der Schale lösen und grob hacken.

5 Die restliche Butter in einer Schüssel schaumig rühren und die Eier unterziehen. Kürbisfleisch, zweierlei Brotwürfel, Sellerie, Semmelbrösel, Cointreau und Honig zugeben und vermischen. Mit Zimt, Piment, Salz und Pfeffer würzen.

6 Die Stubenküken waschen, trockentupfen und mit der Kürbismasse füllen.

7 Das 5-Gewürze-Pulver mit dem Kürbiskernöl verrühren und die Stubenküken damit bepinseln. In einen Bräter setzen und mit etwas Wasser 45 Minuten bei 200 °C (Gas Stufe 3–4) im Backofen braten.

Perlhuhn mit Kürbis

Zutaten für 4 Personen

*500 g Kürbis • 2 rote Zwiebeln • 500 g Kartoffeln • 1 rote
Chilischote • 2 cm Ingwerwurzel • 1 EL Zucker • 2 EL Butter
Salz, Pfeffer • 3 EL Weißweinessig • 350 g Geflügelbrühe
1 Perlhuhn • 2 EL Öl • 3 Knoblauchzehen • 1 Bund Thymian*

**Zubereitungs-
zeit: 45 Minuten**

**441/1850 kcal/kJ
30 g Eiweiß
23 g Fett
29 g Kohlen-
hydrate**

1 Den Kürbis in Spalten schneiden, faserigen Innenteil und Kerne entfernen, das Fruchtfleisch von der Schale lösen und würfeln.

2 Die Zwiebeln abziehen und in Ringe schneiden. Die Kartoffeln schälen, waschen und in etwa 1/2 Zentimeter dicke Scheiben schneiden.

3 Die Chilischote halbieren, entkernen und klein schneiden. Die Ingwerwurzel schälen, erst in Scheiben, dann in dünne Stifte schneiden.

4 Den Zucker in einer Pfanne karamellisieren. Butter, Kürbis, Zwiebeln, Kartoffeln, Chilischote und Ingwer zugeben und umrühren. Mit Salz und Pfeffer würzen, mit Essig und Brühe aufgießen und

bei leicht geöffnetem Deckel 30 Minuten garen.

5 In der Zwischenzeit die Keulen vom Perlhuhn auslösen und im Gelenk in Ober- und Unterschenkel teilen. Mit einer Geflügelschere die Brusthälften mit Knochen von der Karkasse schneiden und dritteln.

6 Das Öl erhitzen und die Perlhuhnteile darin bei starker Hitze anbraten.

7 Die Knoblauchzehen abziehen, würfeln und mit den ganzen Thymianzweigen zum Perlhuhn geben. Bei mittlerer Hitze 25 Minuten braten.

8 Das Perlhuhn vor dem Servieren unter das Gemüse mischen und alles mit Salz und Pfeffer abschmecken.

Wickeln Sie frischen Ingwer zum Aufbewahren zuerst in Küchenpapier, geben Sie ihn dann in einen Plastikbeutel, und legen Sie das Ganze ins Gemüsefach des Kühlschranks.

Eingemachter Kürbis

Zwar kann man auf vielen Märkten und in Gemüsehandlungen meist auch Kürbisspalten kaufen, manchmal steht man aber doch vor dem Problem: »Was fange ich mit diesem riesigen Kürbis an?« Da man sich nicht tagelang nur von Kürbis ernähren will, bietet es sich an, ihn auf verschiedene Arten haltbar zu machen. Der so verarbeitete Kürbis kann dann als Beilage oder – kalt oder erwärmt – verwendet werden.

Kürbis süßsauer

Zutaten für 4 Gläser
1,2 kg Kürbis • 4 Zitronen
200 ml Obstessig • 1 Zimtstange
4 Pimentkörner • 2 cm Ingwerwurzel
300 g Zucker

1 Den Kürbis in Spalten schneiden, faserigen Innenteil und Kerne entfernen, das Fruchtfleisch von der Schale lösen und in 2 Zentimeter große Würfel schneiden.
2 Die Schale der Zitronen in Streifen abschälen und den Saft auspressen. Mit Essig, Zimt und Piment aufkochen. Über die Kürbiswürfel gießen und über Nacht ziehen lassen.
3 Den Ingwer schälen und in Scheiben schneiden.
4 Zimtstange, Zitronenschale und Pimentkörner entfernen. Ingwer und Zucker zu den Kürbiswürfeln geben und 10 Minuten garen.
5 Heiß in Einmachgläser füllen und fest verschließen.

Kürbis in Öl eingelegt

Zutaten für 4 Gläser
1,2 kg Kürbis • 200 ml Weißweinessig
8 Knoblauchzehen • 4 Zweige Thymian • 500 ml Olivenöl

1 Den Kürbis in Spalten schneiden, faserigen Innenteil und Kerne entfernen, das Fruchtfleisch von der Schale lösen und in 2 Zentimeter große Würfel schneiden.
2 1 Liter Wasser mit dem Weißweinessig aufkochen und die Kürbiswürfel hineingeben. 5 Minuten blanchieren. Abgießen und abtropfen lassen.
3 Die Knoblauchzehen abziehen und halbieren.
4 Die Kürbiswürfel mit je 2 Knoblauchzehen und 1 Zweig Thymian in vier Einmach- oder Marmeladengläser füllen, mit Olivenöl auffüllen und fest verschließen. An einem dunklen und kühlen Ort aufbewahren und vor Verwendung einige Tage ruhen lassen.

Kürbis mit Früchten
Zutaten für 6 Gläser

*1 kg Kürbis • 2 Zitronen • 4 Orangen
250 ml Obstessig • 2 Äpfel • 2 Birnen
500 g Zucker*

1 Den Kürbis in Spalten schneiden, Innenteil und Kerne entfernen, das Fruchtfleisch in 2 Zentimeter große Würfel schneiden.

2 Die Schale der Zitronen und von 2 Orangen in Spiralen abschälen und den Saft auspressen. Schalen, Zitronen- und Orangensaft mit dem Essig aufkochen, über die Kürbiswürfel gießen und einige Stunden, am besten über Nacht, ziehen lassen.

3 Äpfel und Birnen schälen, vom Kerngehäuse befreien, vierteln und in Scheiben schneiden.

4 Die verbliebenen Orangen schälen, so dass auch die weiße Haut entfernt ist, und die Filets herauslösen.

5 Die marinierten Kürbiswürfel abgießen, den Sud dabei in einem Topf auffangen und Zitronen- und Orangenschale entfernen.

6 Den Essigsud mit dem Zucker aufkochen. Kürbiswürfeln, Apfel-, Birnen- und Orangenscheiben zugeben und 10 Minuten garen, bis die Flüssigkeit sirupartig eingekocht ist.

7 Die Kürbis-Früchte-Mischung heiß in Einmach- oder Marmeladengläser füllen und fest verschließen.

Bei diesem Klassiker können Sie nichts falsch machen: Kürbis süßsauer eingelegt gelingt immer.

Tomaten – die treuen Begleiter

Die Tomate ist fast allgegenwärtig in unserem kulinarischen Alltag. Nach einem schweren Start – nach ihrer Einfuhr aus Amerika wurde sie anfangs sogar für giftig oder zumindest für üble Krankheiten verursachend gehalten – hat sie sich heutzutage nachhaltig durchgesetzt. Als Bestandteil fast jeden gemischten Salats, einfach roh zur Brotzeit genossen oder mit einem welken Salatblatt als lieblose Garnitur begegnet sie uns überall.

Frisch oder als Konserve

Nicht nur roh, auch im verarbeiteten Zustand kommt die Tomate bei Genießern aller Klassen an. Deshalb ist es selbstverständlich, dass Tomaten das ganze Jahr über erhältlich sein müssen. Das hat leider dazu geführt, dass die Tomatenzüchtung sich vor einigen Jahren hauptsächlich mit der Verbesserung der Haltbarkeit und Transportfähigkeit beschäftigt hat und der Geschmack dabei etwas ins Hintertreffen geriet. Allerdings scheint sich diesbezüglich in letzter Zeit ein Umdenken anzubahnen. Dennoch ist es gerade für Suppen und Saucen durchaus sinnvoll, als Alternative für winterliche Treibhausprodukte auf geschälte Tomaten aus der Dose zurückzugreifen. Neben dem geringeren Arbeitsaufwand haben sie den Vorteil, vollreif verarbeitet worden zu sein. Deshalb ist ihr Geschmack intensiver als der von manch überzüchteter Frischtomate. Die sommerliche Tomate aus dem eigenen Garten bleibt allerdings unerreicht.

Nudeln mit Tomatensauce ist wohl eines der wenigen Gerichte, mit dem man fast alle Kinder zu jeder Zeit zufrieden stellen kann. Werden die Kleinen etwas älter, muss man eventuell auf Pommes frites mit Ketchup zurückgreifen.

Paradeiser, Liebesapfel, Goldapfel, Paradiesapfel: Die Tomate hat im Volksmund viele Namen.

Vorspeisen

Bruschetta

Zubereitungs-zeit: 20 Minuten

**266/1116 kcal/kJ
7 g Eiweiß
9 g Fett
39 g Kohlen-hydrate**

Zutaten für 4 Personen
*6 Tomaten · 1/2 Zwiebel · 1/2 Bund Basilikum · 2 EL Olivenöl
Salz, Pfeffer · 12 Scheiben Weißbrot · 2 Knoblauchzehen*

1 Die Tomaten vom Stielansatz befreien, an der Unterseite kreuzweise einschneiden und 1 Minute blanchieren. Abgießen, abziehen, vierteln, entkernen und würfeln.
2 Die Zwiebel abziehen und fein würfeln. Die Basilikumblätter abzupfen und hacken.

3 Tomatenwürfel, Zwiebel, Basilikum, Öl, Salz und Pfeffer mischen.
4 Die Brotscheiben im Backofen anrösten.
5 Die Knoblauchzehen quer halbieren. Das Brot mit der Schnittfläche des Knoblauchs einreiben und die Tomaten darauf verteilen.

Tomatenmousse

Zubereitungs-zeit: 50 Minuten; 6 Stunden Kühlzeit

Zutaten für 4 Personen
*5 Blatt Gelatine · 1 Knoblauchzehe · 1 Dose geschälte Tomaten à 400 g · Tabasco · Zucker · Salz, Pfeffer · 1 Bund Basilikum · 250 g Sahne · 1 EL Butter · 2 Fleischtomaten
1 EL Balsamicoessig · 2 EL Olivenöl · 2 EL Pinienkerne*

1 Die Gelatine in etwas Wasser einweichen.
2 Die Knoblauchzehe abziehen und würfeln.

3 Tomaten mit Knoblauch pürieren. Mit Tabasco, Zucker, Salz und Pfeffer würzen.

4 Das Basilikum bis auf einige Blätter fein hacken. Die Sahne steif schlagen. **5** 4 Esslöffel Tomatenpüree erhitzen, die ausgedrückte Gelatine darin auflösen und unter die kalte Tomatenmasse mischen. 1/3 der Sahne und das vorbereitete Basilikum einrühren. Die restliche Sahne vorsichtig unterheben. **6** Portionsförmchen buttern, die Mousse einfüllen und in mindestens 6 Stunden im Kühlschrank fest werden lassen.

7 Vor dem Servieren die Fleischtomaten waschen, vom Stielansatz befreien und in dünne Scheiben schneiden. Auf Tellern anrichten und mit Balsamicoessig und Olivenöl beträufeln. Die zimmerwarme Tomatenmousse darauf stürzen. **8** Die Pinienkerne in einer beschichteten Pfanne ohne Fettzugabe goldbraun anrösten. Die Tomatenmousse mit den zurückbehaltenen Basilikumblättern und den Pinienkernen garnieren.

264/1104 kcal/kJ
15 g Eiweiß
19 g Fett
8 g Kohlenhydrate

Serviert mit frischem Baguette ergibt die Tomatenmousse ein leichtes, sommerliches Abendessen.

Gebackener Ricotta mit Tomatenvinaigrette

**Zubereitungs-
zeit: 40 Minuten**

**698/2922 kcal/kJ
16 g Eiweiß
67 g Fett
7 g Kohlen-
hydrate**

**Marsala, ein
strohgelber
Wein aus Sizili-
en, wird lang in
Eichenfässern
gelagert, bevor
er in den Handel
kommt. Es gibt
ihn von trocken
bis süß in ver-
schiedenen
Duft- und
Geschmacks-
nuancen.**

Zutaten für 4 Personen
*2 Schälchen Ricotta à 250 g • Salz, schwarzer Pfeffer
200 ml Olivenöl • 2 Zweige Rosmarin • 4 Tomaten
1 Schalotte • 1 EL Tomatenmark • 2 EL Marsala • 2 EL Weißweinessig • 2 EL Balsamicoessig • 1 EL Zitronensaft
1/2 Kopf Friséesalat*

1 Den Ricotta in eine Auflaufform stürzen. Mit Salz und Pfeffer bestreuen und mit 80 Milliliter Olivenöl begießen. Die Rosmarinblätter abzupfen, um und auf dem Ricotta verteilen.

2 Im Backofen bei 200 °C (Gas Stufe 3–4) 30 Minuten backen, dabei des Öfteren das Olivenöl über den Käse schöpfen.

3 Die Tomaten vom Stielansatz befreien, an der Unterseite kreuzweise einschneiden und 1 Minute blanchieren. Abgießen, abschrecken, abziehen, vierteln, entkernen und würfeln.

4 Die Schalotte abziehen und würfeln. 1 Esslöffel Öl erhitzen und die Scha-

lotten andünsten. Das Tomatenmark zugeben und kurz mitbraten.

5 Die Tomatenwürfel zufügen, mit Marsala und 150 Milliliter Wasser aufgießen und zugedeckt 10 Minuten schmoren. Durch ein Sieb streichen.

6 Weißwein-, Balsamicoessig, Zitronensaft, Tomatenpaste, restliches Olivenöl, Salz und Pfeffer mischen.

7 Den Friséesalat waschen und etwas klein zupfen. Auf vier Teller verteilen.

8 Den Ricotta in Scheiben schneiden und auf dem Friséesalat anrichten. Salat und Käse mit der Tomatenvinaigrette beträufeln.

Papas fritas mit Tomaten-Kardamom-Dip

Zutaten für 4 Personen
1 kleine Zwiebel • 2 Knoblauchzehen • 1 EL Kardamom-
kapseln • 2 getrocknete Chilischoten • 1 EL Öl • 1 Dose ge-
schälte Tomaten à 400 g • 1 EL Zitronensaft • Zucker • Salz,
Pfeffer • 1 kg Kartoffeln • Fett zum Frittieren

**Zubereitungs-
zeit: 50 Minuten**

**268/1124 kcal/kJ
8 g Eiweiß
5 g Fett
47 g Kohlen-
hydrate**

1 Zwiebel und Knoblauchzehen fein würfeln. Kardamomkapseln und Chilischoten in einem Mörser zerstoßen.

2 Das Öl erhitzen und Zwiebeln und Knoblauch darin glasig dünsten. Kardamom und Chilischoten zugeben und kurz mitbraten. Tomaten mit Flüssigkeit und 100 Milliliter Wasser hinzufügen. 15 Minuten bei schwacher Hitze einkochen, bis eine dickflüssige Sauce entsteht.

3 Die Tomatensauce mit Zitronensaft, Zucker, Salz und Pfeffer würzen und durch ein Sieb streichen.

4 Die Kartoffeln schälen, längs in Schnitze schneiden und trockentupfen.

5 Das Frittierfett auf 140 °C erhitzen und die Kartoffeln darin 8 Minuten blanchieren. Herausnehmen, das Fett auf 180 °C erhitzen und die Kartoffeln in 4 Minuten knusprig braun frittieren. Auf Küchenpapier abtropfen lassen.

6 Den Tomatendip mit Zimmertemperatur getrennt zu den Papas fritas reichen.

VARIANTE Auch eine Sauce Aioli passt dazu: Die Krümel von 1/2 Scheibe Toastbroat in 2 Esslöffeln Milch einweichen. In einer Schüssel 4 Knoblauchzehen zerdrücken, 2 Eigelbe, 1 Esslöffel Zitronensaft und das Brot dazugeben und 1/4 Liter Olivenöl sowie je 2 Esslöffel Zitronensaft und warmes Wasser darunter rühren.

Suppen

Gazpacho

Zubereitungs-zeit: 25 Minuten

141/587 kcal/kJ
5 g Eiweiß
7 g Fett
13 g Kohlen-hydrate

Zutaten für 4 Personen
2 Knoblauchzehen · je 1 rote und grüne Paprikaschote
1 Bund Frühlingszwiebeln · 1 Gurke · 3 Dosen geschälte
Tomaten à 400 g · 2 EL Olivenöl · 2 EL Zitronensaft
1 TL Rotweinessig · Tabasco · Zucker · Salz, Pfeffer
1/2 Bund Schnittlauch · Eiswürfel

Gazpacho, die leichte, aber scharfe Gemüsesuppe aus Spanien, schmeckt im Sommer eisgekühlt als Vorspeise oder einfach nur als Erfrischung zwischendurch.

1 Die Knoblauchzehen abziehen und grob hacken. Die rote und die grüne Paprikaschote halbieren, von Stielansatz und Kernen befreien und getrennt würfeln. Die Frühlingszwiebeln putzen und in dünne Ringe schneiden. Die Gurke schälen, längs halbieren, die Kerne mit einem Teelöffel herauskratzen und dann das Fruchtfleisch in kleine Stücke schneiden.

2 Die Hälfte des Knoblauchs und der Frühlingszwiebeln mit rotem Paprika, Tomaten mit Flüssigkeit und Olivenöl in einem Mixer pürieren.

3 Mit 1 Esslöffel Zitronensaft, Rotweinessig, Tabasco, Zucker, Salz und Pfeffer pikant abschmecken und in den Kühlschrank stellen.

4 Den restlichen Knoblauch und die Frühlingszwiebeln mit Gurke, grünem Paprika und Schnittlauch im Mixer pürieren. Mit dem verbliebenen Zitronensaft, Salz und Pfeffer würzen. Ebenfalls kalt stellen.

5 Zum Servieren 2 bis 3 Eiswürfel in einen Suppenteller geben, mit dem roten Gazpacho auffüllen und in die Mitte etwas vom grünen Gazpacho füllen. Eiskalt auftragen.

Tomaten-Orangen-Suppe

Zutaten für 4 Personen
1 kg Tomaten (oder 1 Dose geschälte Tomaten à 800 g)
2 Frühlingszwiebeln • 2 Stängel Basilikum
1 Orange • 2 EL Zitronensaft • 1 EL Speisestärke
250 ml Orangensaft • Zucker • Salz, Pfeffer
1/2 Bund Petersilie

Zubereitungs-
zeit: 45 Minuten

109/461 kcal/kJ
4 g Eiweiß
1 g Fett
20 g Kohlen-
hydrate

1 Die Tomaten vom Stielansatz befreien, an der Unterseite kreuzweise einschneiden und 1 Minute in kochendem Wasser blanchieren. Abgießen, abschrecken, abziehen, vierteln und entkernen.

2 Die Frühlingszwiebeln putzen und in dünne Ringe schneiden. Die Basilikumblätter abzupfen. Die Orange spiralförmig abschälen und die Schale in große Streifen schneiden.

3 Die Tomatenviertel, Frühlingszwiebelringe, Basilikumblätter, Orangenschalenstreifen und den Zitronensaft in einen Topf geben, aufkochen lassen und 15 Minuten zugedeckt bei schwacher Hitze garen. Die Orangenschalenstreifen entfernen, die Tomatensuppe pürieren und durch ein Sieb streichen.

4 Die Speisestärke klumpenfrei im Orangensaft auflösen.

5 Die Suppe nochmals erhitzen, den Orangensaft einrühren und unter ständigem Rühren 5 Minuten bei mittlerer Hitze kochen, bis die Suppe etwas eindickt. Mit 1 Prise Zucker, Salz und Pfeffer kräftig abschmecken.

6 Die Petersilie hacken und erst kurz vor dem Servieren in die Tomatensuppe geben.

TIPP Wenn Sie die Schale von Orangen oder Zitronen verwenden, sollten Sie nur ungespritzte Ware kaufen.

Tomatenconsommé mit Pecorinoklößchen

**Zubereitungs-
zeit: 1 Stunde
und 30 Minuten**

**399/1675 kcal/kJ
32 g Eiweiß
21 g Fett
20 g Kohlen-
hydrate**

Zutaten für 4 Personen
*600 g Tomaten • 1 Schalotte • 2 Knoblauchzehen • 2 EL ge-
klärte Butter • 4 Stängel Basilikum • 2 Zweige Thymian
2 Lorbeerblätter • 1 TL schwarze Pfefferkörner • 2 EL Tomatenmark • 300 g Putenbrust • 6 Eiweiße • 2 Hand voll
Eiswürfel • 1 l Geflügelbrühe • 250 ml Tomatensaft • Salz,
Cayennepfeffer • 80 ml Milch • 1 EL Butter • 40 g Mehl
1 Ei • 40 g geriebener Pecorino • 12 Kirschtomaten*

1 Die Tomaten vom Stielansatz befreien, an der Unterseite kreuzweise einschneiden und 1 Minute blanchieren. Abgießen, abschrecken, abziehen, vierteln und entkernen.

2 Schalotte und Knoblauchzehen abziehen und würfeln. In der Butter glasig dünsten. Tomatenviertel, Kräuter und Pfefferkörner dazugeben. Das Tomatenmark unterrühren und anschwitzen. Abkühlen lassen.

3 Das Putenfleisch durch die mittlere Scheibe des Fleischwolfs drehen, mit dem Eiweiß vermischen und die Eiswürfel unterheben.

4 Kalte Geflügelbrühe und Tomatensaft zu den Tomaten geben. Das Putenfleisch ebenfalls hinzufügen und bei schwacher Hitze langsam zum Kochen bringen. 30 Minuten ziehen lassen.

5 Die Consommé durch ein Tuch passieren, nochmals vorsichtig aufkochen lassen und danach mit etwas Salz und Cayennepfeffer abschmecken.

6 In der Zwischenzeit die Milch mit Butter und etwas Salz aufkochen. Das Mehl auf einmal hineinschütten und so lange rühren, bis sich die Masse als ein Kloß vom Topfboden löst.

7 Den Teig in eine Schüssel geben, 5 Minuten abkühlen lassen, Ei und Pecorino einarbeiten. Mit dem Teelöffel Nocken abstechen, in Salzwasser 5 Minuten ziehen lassen.

8 Die Kirschtomaten in Scheiben schneiden. Die Consommé in Teller füllen und Pecorinoklößchen und Kirschtomatenscheiben dazugeben.

Tomaten-Brot-Suppe

Zutaten für 4 Personen
250 g Ciabatta-Brot · 200 ml Olivenöl · 4 Knoblauchzehen
1 Zweig Rosmarin · 1/2 Bund Thymian · 1 milde rote Pfefferschote · 2 EL Tomatenmark · 400 ml Gemüsebrühe
2 Dosen geschälte Tomaten à 800 g · 2 TL getrockneter Oregano · Zucker · Salz, Pfeffer

Zubereitungszeit: 40 Minuten

707/2957 kcal/kJ
10 g Eiweiß
54 g Fett
46 g Kohlenhydrate

1 Das Brot würfeln und in der Hälfte des Olivenöls goldbraun braten.
2 Den Knoblauch längs vierteln. Rosmarinblätter und Thymianblättchen fein hacken. Pfefferschote halbieren, entkernen und klein schneiden.
3 Das restliche Öl in einem großen Topf erhitzen. Knoblauch, Kräuter und Pfefferschote darin 4 Minuten andünsten. Das Tomatenmark einrühren und anschwitzen.

4 Mit der Gemüsebrühe und 400 Milliliter Wasser auffüllen und aufkochen.
5 Die Tomaten in einem Sieb abspülen und ausdrücken. Etwas zerkleinern, in die Suppe geben und 10 Minuten bei schwacher Hitze in der Suppe ziehen lassen. Mit Oregano, Zucker, Salz und Pfeffer würzen.
6 Die Brotwürfel in die Suppe geben und sofort servieren, wenn sie beginnen, weich zu werden.

Salate

Tomaten-Frisée-Salat

**Zubereitungs-
zeit: 15 Minuten**

**137/575 kcal/kJ
2 g Eiweiß
12 g Fett
5 g Kohlen-
hydrate**

Zutaten für 4 Personen
1 Kopf Friséesalat · 4 Tomaten · 2 Schalotten · 4 EL Olivenöl
1 TL abgeriebene Zitronenschale · 1 EL Zitronensaft
Salz, Pfeffer

1 Die Blätter des Frisée-salats waschen und gut trocknen.
2 Die Tomaten vom Stiel-ansatz befreien und in Scheiben schneiden.
3 Schalotten abziehen und in Ringe schneiden.

4 Olivenöl, Zitronen-schale und -saft zu einer Vinaigrette verarbeiten, Salz und Pfeffer hinzu-fügen.
5 Die Salatzutaten in ei-ner Schüssel mischen, die Sauce unterheben.

Salat mit Cocktailtomaten

**Zubereitungs-
zeit: 30 Minuten**

**176/741 kcal/kJ
4 g Eiweiß
13 g Fett
8 g Kohlen-
hydrate**

Zutaten für 4 Personen
2 Bund Rucola · 100 g Feldsalat · 500 g Cocktailtomaten
250 g getrocknete Tomaten · 2 EL Balsamicoessig
1 EL Marsala · 1 TL Pesto · 4 EL Olivenöl · Salz, Pfeffer

1 Rucola und Feldsalat waschen und trocknen. Die Cocktailtomaten waschen und vierteln.
2 Das Fruchtfleisch der getrockneten Tomaten in Streifen schneiden.

3 Aus den restlichen Zu-taten eine sämige Salat-sauce rühren.
4 Die Salatzutaten ver-mischen, auf vier Teller verteilen und mit dem Dressing übergießen.

Lauchsalat mit Tomatenvinaigrette

Zutaten für 4 Personen

2 Stangen Lauch • 4 Tomaten • 1 Schalotte • 2 EL Weißweinessig • 2 EL Balsamicoessig • 1 EL Zitronensaft
6 EL Sonnenblumenöl • Salz, Pfeffer • 1 Stängel Petersilie
2 Zitronen • 1 Bund Kerbel • 1 Kopf Lollo Rosso

**Zubereitungs-
zeit: 40 Minuten**

**221/926 kcal/kJ
3 g Eiweiß
19 g Fett
9 g Kohlen-
hydrate**

1 Den Lauch putzen und waschen. In 5 Minuten in Salzwasser bissfest kochen. Abtropfen lassen und in 1 1/2 Zentimeter lange Stücke schneiden.

2 In der Zwischenzeit die Tomaten vom Stielansatz befreien, an der Unterseite kreuzweise einschneiden und 1 Minute blanchieren. Abgießen, abschrecken, abziehen, vierteln, entkernen und würfeln.

3 Die Schalotte abziehen und fein würfeln. Mit Weißweinessig, Balsamicoessig, Zitronensaft und Öl verrühren. Mit Salz und Pfeffer würzen.

4 Die Petersilie fein hacken, mit den Tomatenwürfeln in die Sauce geben und alles kurz durchziehen lassen.

5 Die Zitronen schälen, so dass auch die weiße Haut entfernt ist, und die Filets heraustrennen. Die Kerbelblätter abzupfen.

6 Den Lollo Rosso waschen und die Blätter auf einer Salatplatte auslegen. Lauch, Zitronenfilets und Kerbel darauf anrichten und mit der Tomatenvinaigrette übergießen.

INFO Kerbel spielte früher als Fastenkraut vor Ostern in Suppen und Saucen eine wichtige Rolle. Heute weiß man, dass bestimmte Fastenspeisen nicht nur religiösen, sondern auch gesundheitlichen Sinn hatten. So auch der Kerbel: Er enthält viel Vitamin C, wirkt Blut bildend und harntreibend.

Salat von Tomaten und Ziegenkäse

**Zubereitungs-
zeit: 20 Minuten**

**267/1119 kcal/kJ
8 g Eiweiß
24 g Fett
5 g Kohlen-
hydrate**

Zutaten für 4 Personen
8 Tomaten • 2 rote Zwiebeln • 20 schwarze Oliven
2 EL Balsamicoessig • 4 EL Olivenöl • Salz, Pfeffer
150 g Ziegenkäse • 1/2 Bund Petersilie

1 Die Tomaten vom Stielansatz befreien und in Scheiben schneiden. Die Zwiebeln abziehen und in Ringe schneiden.
2 Die Oliven halbieren. Essig, Öl, Salz und Pfeffer verrühren.

3 Die Tomaten auf Teller legen, Zwiebeln und Oliven darauf verteilen und mit der Sauce übergießen.
4 Den Ziegenkäse zerbröckeln, die Petersilie hacken und beides auf den Salat streuen.

Tomatensalat mit Lachs und Garnelen

**Zubereitungs-
zeit: 45 Minuten**

**446/1868 kcal/kJ
33 g Eiweiß
31 g Fett
8 g Kohlen-
hydrate**

Zutaten für 4 Personen
4 EL Sherryessig • 6 EL Öl • Zucker • Salz, Pfeffer • 8 Garnelenschwänze à 30 g • 400 g Lachsfilet • 1 Bund Estragon
2 Bund Frühlingszwiebeln • 1 EL Butter • 600 g Tomaten
1 Bund Basilikum

1 Essig, Öl, Zucker, Salz und Pfeffer verrühren.
2 Die Garnelen schälen, am Rücken einschneiden und den Darmfaden entfernen. Den Lachs in 8 Streifen schneiden. In eine Auflaufform legen und mit der Hälfte der

Sauce begießen. 10 Minuten ziehen lassen.
3 1 Stängel Estragon mit Alufolie verschließen. Bei 220 °C (Gas Stufe 4–5) 10 Minuten im Ofen garen. Danach zum Lachs geben und eine Weile ziehen lassen.

4 Den restlichen Estragon hacken. Die Frühlingszwiebeln putzen, in Ringe schneiden und in der Butter 2 Minuten dünsten.

5 Die Tomaten waschen, vom Stielansatz befreien, achteln und entkernen. Mit den Frühlingszwiebelringen, dem gehackten Estragon und der restlichen Vinaigrette vermischen.

6 Die Basilikumblätter abzupfen und unter die Tomaten heben.

7 Den Tomatensalat auf vier Teller verteilen und jeweils 2 Garnelen und 2 Lachsstreifen darauf anrichten.

Tomatensalat mit Tintenfischringen

Zutaten für 4 Personen
2 cm Ingwerwurzel · abgeriebene Schale von 1 Limette
4 EL Limettensaft · 1 EL Currypulver · Salz, Cayennepfeffer
8 EL Olivenöl · 1 TL dunkles Sesamöl · 500 g Tomaten
1/2 Bund Koriander · 400 g Tintenfischtuben

Zubereitungszeit: 25 Minuten

**363/1521 kcal/kJ
20 g Eiweiß
27 g Fett
9 g Kohlenhydrate**

1 Den Ingwer schälen und fein reiben. Mit Limettenschale und -saft, Curry, Salz und Pfeffer vermischen. 5 Esslöffel Olivenöl und das Sesamöl einrühren.

2 Die Tomaten waschen, vom Stielansatz befreien und in 2 Zentimeter große Stücke schneiden. Unter die Vinaigrette heben. Das Koriandergrün fein schneiden, die Hälfte zu den Tomaten geben.

3 Die Tintenfischtuben in dünne Ringe schneiden. Das restliche Olivenöl erhitzen und die Tintenfischringe bei starker Hitze 2 Minuten braten, salzen und sofort auf den Tomatensalat geben.

4 Mit dem restlichen Koriander bestreuen und servieren.

Vegetarische Gerichte

Geschmorte Tomaten

Zubereitungs-
zeit: 50 Minuten

290/1219 kcal/kJ
5 g Eiweiß
22 g Fett
18 g Kohlen-
hydrate

Zutaten für 4 Personen
1,2 kg Tomaten • 5 Knoblauchzehen • grobes Meersalz,
Pfeffer • 6 EL Olivenöl • 1 Bund Petersilie • 40 g Semmel-
brösel • 2 EL Butter

1 Tomaten vom Stiel-
ansatz befreien, an der
Unterseite kreuzweise einschneiden und 1 Minute
blanchieren. Abgießen, abschrecken, abziehen und
halbieren. Mit der Schnittfläche nach unten in eine
Auflaufform setzen.
2 Den Knoblauch in dünne Scheiben schneiden
und über die Tomaten

verteilen. Mit Meersalz
und Pfeffer bestreuen.
Mit Olivenöl beträufeln.
3 Die Petersilie hacken
und mit den Semmelbrö-
seln in der zerlassenen
Butter verrühren.
4 Die Petersilienbrösel
über die Tomaten geben
und bei 200 °C (Gas
Stufe 3–4) 25 Minuten im
Backofen garen.

Gefüllte Fleischtomaten

Zubereitungs-
zeit: 55 Minuten

Zutaten für 4 Personen
1 Zwiebel • 2 Zucchini • 1 Aubergine • 2 El Olivenöl
1/2 Bund Oregano • Salz, Pfeffer • 100 g Schafskäse
8 Fleischtomaten • 1 EL Butter • 2 EL Weißwein

1 Die Zwiebel abziehen
und würfeln. Zucchini
und Aubergine würfeln.

2 Das Olivenöl in einer
Pfanne erhitzen, Zwie-
beln darin glasig dünsten.

Die Gemüsewürfel hinzufügen und anbraten.

3 Die Oreganoblätter abzupfen, waschen, hacken und in die Pfanne geben. Das Gemüse 10 Minuten zugedeckt bei schwacher Hitze im eigenen Saft schmoren. Falls es ansetzt, etwas Wasser zugeben. Dann mit Salz und Pfeffer würzen.

4 Den Schafskäse zerbröseln. Das Gemüse vom Herd nehmen und den Schafskäse unterheben.

5 Die Fleischtomaten waschen, einen Deckel abschneiden und aushöhlen. Die Zucchini-Auberginen-Masse hineinfüllen.

6 Eine Auflaufform buttern, die Fleischtomaten hineinsetzen, mit Weißwein und 4 Esslöffeln Wasser umgießen und bei 220 °C (Gas Stufe 4–5) 20 Minuten überbacken.

203/851 kcal/kJ
7 g Eiweiß
16 g Fett
6 g Kohlenhydrate

Fleischtomaten lassen sich auch mit Spinat und geriebenen Kartoffeln füllen oder mit einer Mischung aus Sprossen und Schafskäse: Lassen Sie Ihrer Phantasie freien Lauf.

Tomaten-Ziegenkäse-Tarte

**Zubereitungs-
zeit: 3 Stunden
und 45 Minuten**

**575/2416 kcal/kJ
20 g Eiweiß
40 g Fett
33 g Kohlen-
hydrate**

**Zum Gehen müs-
sen Sie dem He-
feteig keine zu-
sätzliche Wärme
zuführen; bei
normaler Zim-
mertemperatur
gegangener He-
feteig wird sta-
bil, feinporig
und locker.**

Zutaten für 4 bis 6 Personen

*1 1/2 kg Tomaten • 10 EL Olivenöl • Salz, schwarzer Pfeffer
1 EL Zucker • 10 g Hefe • 150 g Mehl • Mehl zum Bearbeiten
1 TL Fenchelsamen • 400 g Ziegenkäse • 1 Bund Basilikum*

1 Die Tomaten vom Stielansatz befreien, an der
Unterseite kreuzweise
einschneiden und 1 Minu-
te blanchieren. Abgießen,
abschrecken, abziehen
und halbieren. Mit der
Schnittfläche nach unten
in eine geölte Auflauf-
form setzen.

2 Die Tomatenhälften
mit Salz, Pfeffer und
Zucker bestreuen und im
Backofen bei 120 °C (Gas
Stufe 1) ca. 3 Stunden
trocknen.

3 Für den Teig die Hefe
zerbröckeln und mit
1 Esslöffel Olivenöl und
100 Milliliter Wasser verrühren. Nach und nach
Mehl, Fenchelsamen und
etwas Salz einarbeiten
und zu einem glatten Teig
verkneten. 20 Minuten zu-
gedeckt an einem warmen
Ort gehen lassen.

4 Den Teig kräftig kne-
ten, auf einer bemehlten
Fläche zu einem Kreis
von 30 Zentimeter
Durchmesser ausrollen.

5 Eine Tarteform einölen
und Boden und Rand mit
dem Teig auskleiden.
Nochmals 20 Minuten
gehen lassen.

6 Den Ziegenkäse in
Scheiben schneiden.

7 Den Tarteboden mit einer Gabel einstechen und
mit einer Schicht Zie-
genkäse belegen. Salzen,
pfeffern, mit Olivenöl beträufeln und mit Basili-
kumblättern belegen.
Dann eine Schicht Toma-
ten darauf legen. Den
Vorgang wiederholen,
bis alle Zutaten ver-
braucht sind.

8 Die Tarte bei 220 °C
(Gas Stufe 4–5) 20 Mi-
nuten backen.

Wirsing in Muskatbackteig mit Tomaten-Balsamico-Sauce

Zutaten für 4 Personen
1 kleine Zwiebel • 1 Knoblauchzehe • 2 EL Olivenöl • 4 EL Rot-
wein • 1 Dose geschälte Tomaten à 800 g • 1 EL Balsamico-
essig • 1 TL Zitronensaft • Paprikapulver, edelsüß • Zucker
Salz, Pfeffer • 16 hellgrüne Wirsingblätter • 250 g Mehl
125 ml Weißwein • 125 ml Milch • 2 Eier • 1 TL geriebene
Muskatnuss • Fett zum Frittieren

**Zubereitungs-
zeit: 40 Minuten**

**437/1827 kcal/kJ
15 g Eiweiß
14 g Fett
55 g Kohlen-
hydrate**

1 Zwiebel und Knoblauchzehe abziehen und würfeln. Das Olivenöl in einem Topf erhitzen und Zwiebel und Knoblauch darin glasig dünsten. Mit dem Rotwein ablöschen.

2 Die Tomaten mit Flüssigkeit zugeben, Balsamico und Zitronensaft einrühren und 15 Minuten bei mittlerer Hitze kochen. Pürieren, nochmals aufkochen und mit Paprikapulver, Zucker, Salz und Pfeffer würzen.

3 Die Wirsingblätter waschen, halbieren und 2 Minuten in leicht gesalzenem Wasser blanchieren. Abtropfen lassen und trockentupfen.

4 Das Mehl mit Weißwein und Milch klumpenfrei verrühren. Die Eier einarbeiten, bis ein glatter Teig entsteht. Mit Muskat und Salz würzen.

5 Das Fett erhitzen. Die Wirsingblätter durch den Backteig ziehen und schwimmend im Fett frittieren. Auf Küchenpapier abtropfen lassen.

6 Auf vier Teller einen Tomatensaucenspiegel gießen und die Wirsingblätter darauf anrichten.

TIPP Im Herbst und Winter erkennt man frischen Freilandwirsing an den grünen Köpfen mit lockeren Blättern. Gelbe, feste Köpfe stammen aus der Lagerung.

Pasta

Farfalle mit Champignons, Tomaten-streifen und Rucola

Zubereitungs-zeit: 35 Minuten

754/3157 kcal/kJ
25 g Eiweiß
30 g Fett
95 g Kohlen-hydrate

Zutaten für 4 Personen

*500 g Farfalle · 600 g Tomaten · 2 Bund Rucola
250 g Champignons · 8 EL Olivenöl · 1 kleine Zwiebel
1 Knoblauchzehe · 2 getrocknete Pfefferschoten · Salz,
schwarzer Pfeffer · 50 g geriebener Parmesan*

1 Die Farfalle in Salzwasser in 10 bis 12 Minuten al dente kochen. Abgießen und abtropfen lassen.
2 Die Tomaten vom Stielansatz befreien, an der Unterseite kreuzweise einschneiden und 1 Minute blanchieren. Abgießen, abschrecken, abziehen und in Streifen schneiden. Den Rucola grob hacken.
3 Die Champignons putzen und in Scheiben schneiden. 2 Esslöffel Öl in einer großen Pfanne erhitzen und die Champignons darin anbraten.

Wem die Rauke zu bitter ist, kann sie wahlweise durch geraspelte, kurz gedünstete Zucchini oder Möhren ersetzen.

4 Zwiebel und Knoblauchzehe abziehen und würfeln. Die Pfefferschote zerstoßen. Alles zu den Champignons geben und 5 Minuten mitbraten.
5 Die Farfalle in die Pfanne geben, das restliche Olivenöl zugießen, Tomatenstreifen und Rucola vorsichtig unterheben und alles warm werden lassen.
6 Mit Salz und Pfeffer würzen und mit Parmesan bestreut servieren.

Spaghetti mit Tomaten-Hackfleisch-Sauce

Zutaten für 4 Personen
1 kleine Zwiebel • 2 Knoblauchzehen • 2 getrocknete Pfefferschoten • 2 EL Olivenöl • 200 g Hackfleisch • 100 g schwarze Oliven • getrockneter Oregano • 1 EL grüner Pfeffer 2 EL Marsala • 1 Dose geschälte Tomaten à 800 g • Salz, Pfeffer • 500 g Spaghetti • 50 g geriebener Parmesan

Zubereitungszeit: 45 Minuten

**819/3425 kcal/kJ
33 g Eiweiß
30 g Fett
100 g Kohlenhydrate**

1 Zwiebel und Knoblauchzehen abziehen und würfeln. Die Pfefferschoten zerstoßen. Alles kurz im Öl andünsten.
2 Das Hackfleisch zugeben und unter Rühren 10 Minuten braten.
3 Die Oliven entsteinen und hacken. Mit Oregano und grünem Pfeffer zum Hackfleisch geben. Marsala und Tomaten mit Flüssigkeit hinzufügen und verrühren. 15 Minuten bei mittlerer Hitze kochen, dabei die Tomaten etwas zerdrücken. Mit Salz und Pfeffer würzen.
4 Die Spaghetti in reichlich Salzwasser in 10 bis 12 Minuten al dente kochen. Abgießen und abtropfen lassen.
5 Die Nudeln auf vier Teller verteilen, die Sauce in die Mitte geben und mit Parmesan bestreuen.

Fisch und Meeresfrüchte

Miesmuscheln in Tomatensauce

**Zubereitungs-
zeit: 1 Stunde**

**631/2626 kcal/kJ
61 g Eiweiß
22 g Fett
35 g Kohlen-
hydrate**

Zutaten für 4 Personen
*2 kg Miesmuscheln • 4 Sardellenfilets • 2 Möhren
1 Stange Lauch • 1 Fenchel • 2 Staudensellerie • 1 Zwiebel
4 EL Olivenöl • 250 ml Weißwein • 2 Dosen geschälte Tomaten
à 800 g • 1 EL Kapern • getrockneter Thymian • Salz, Pfeffer*

1 Die Miesmuscheln unter fließendem Wasser gründlich abbürsten und die Bärte entfernen. Geöffnete Muscheln wegwerfen. Die Sardellenfilets abwaschen und klein schneiden.

2 Das Gemüse schälen bzw. putzen und würfeln. Die Zwiebel abziehen und ebenfalls in Würfel schneiden.

3 Das Olivenöl in einem großen Topf erhitzen und die Zwiebeln darin glasig dünsten. Das Gemüse und die klein geschnittenen Sardellen zugeben und kurz mitbraten.

4 Mit dem Weißwein ablöschen und mit den Tomaten aufgießen. Die Kapern hinzufügen und mit Thymian, Salz und Pfeffer würzen. 10 Minuten kochen, die Tomaten dabei mit einem Kochlöffel etwas zerdrücken.

5 Die Muscheln bei starker Hitze in den Sud geben und zugedeckt bei mittlerer Hitze 10 Minuten garen, bis sich die Muscheln geöffnet haben. Dabei den Topf ab und zu rütteln.

6 Die Muscheln mit einer Schaumkelle herausheben und auf Teller verteilen. Ungeöffnete Exemplare aussortieren. Die Tomatensauce nochmals mit Salz und Pfeffer abschmecken und über die Muscheln geben.

Sardinenbällchen in Tomatensauce

Zutaten für 4 Personen

1 1/2 kg frische Sardinen · 2 Eier · 2 EL Mehl · Salz, schwarzer Pfeffer · 4 Fleischtomaten · 100 g grüne Oliven · 1 kleine Zwiebel · 1 Knoblauchzehe · 2 EL Olivenöl · 2 Stängel Koriander · 1 Döschen Safranpulver · 1 TL Paprikapulver, edelsüß · 2 Zitronen

Zubereitungszeit: 1 Stunde und 15 Minuten

718/3007 kcal/kJ
90 g Eiweiß
33 g Fett
13 g Kohlenhydrate

1 Die Sardinen kalt abspülen. Die Schuppen mit den Händen abreiben. Kopf, Innereien und Flossen entfernen und die Fische filetieren.

2 Die Fischfilets klein schneiden, mit Eiern und Mehl vermischen und mit Salz und Pfeffer würzen. Walnussgroße Bällchen aus der Mischung formen und kühl stellen.

3 Die Tomaten vom Stielansatz befreien, an der Unterseite kreuzweise einschneiden und 1 Minute blanchieren. Abgießen, abschrecken, abziehen und würfeln.

4 Die Oliven entsteinen und in Scheiben schneiden. Zwiebel und Knoblauchzehe abziehen und würfeln.

5 Das Olivenöl erhitzen und Zwiebeln und Knoblauch darin glasig dünsten. Tomaten dazugeben und bei schwacher Hitze 8 Minuten kochen.

6 Koriandergrün fein hacken und mit den Oliven zugeben. Mit Safran, Paprika, Salz und Pfeffer würzen.

7 Die Sardinenbällchen in die Sauce setzen und zugedeckt 15 Minuten bei schwacher Hitze ziehen lassen.

8 Die Zitronen schälen, so dass auch die weiße Haut entfernt ist, und die Filets herauslösen.

9 Die Sardinenbällchen mit der Sauce in tiefe Teller füllen und mit den Zitronenfilets garnieren.

Zum Filetieren schneiden Sie die Sardinen zuerst am Rücken entlang bis zur dicken Mittelgräte ein. Dann lösen Sie mit einem spitzen Messer das Filet nach und nach von der Mittelgräte ab, drehen den Fisch um und lösen das andere Filet ab.

Aal mit Orangen-Tomaten-Sauce

Zubereitungs-
zeit: 1 Stunde
und 20 Minuten

1207/5055 kcal/kJ
61 g Eiweiß
86 g Fett
45 g Kohlen-
hydrate

Im Norden
Deutschlands
hat das Kochen
mit Aal Traditi-
on; berühmte
Gerichte sind
die Hamburger
Aalsuppe oder
Aal grün.

Zutaten für 4 Personen

400 g Tomaten • 4 Schalotten • 3 Knoblauchzehen
2 rote Chilischoten • 4 Orangen • 6 EL Öl • 50 g Zucker
4 EL Rotweinessig • 1 Dose geschälte Tomaten à 800 g
6 Nelken • 6 Wacholderbeeren • 4 Lorbeerblätter
Salz, Pfeffer • 2 mittelgroße Aale à 600 g • 50 g Mehl

1 Die Tomaten vom Stielansatz befreien, an der Unterseite kreuzweise einschneiden und 1 Minute blanchieren. Abgießen, abschrecken, abziehen und würfeln.

2 Schalotten und Knoblauch abziehen und fein würfeln. Chilischoten halbieren, entkernen und klein schneiden.

3 Schale von 2 Orangen dünn abschälen. Alle 4 Orangen schälen, die weiße Haut entfernen, die Filets auslösen und den Saft auffangen.

4 2 Esslöffel Öl erhitzen, Schalotten und Knoblauch darin glasig dünsten. Zucker zugeben und karamellisieren lassen. Mit Essig und Orangensaft ablöschen.

5 Die Dosentomaten zerdrücken und mit Nelken, Wacholderbeeren und Lorbeerblättern zu den Schalotten geben.

6 Frische Tomatenwürfel, Chilischoten, Orangenschale und -filets in die Tomatensauce geben, salzen, pfeffern und 20 Minuten einkochen.

7 Köpfe und Schwanzflossen von den Aalen abschneiden. Die Fische abspülen und trocknen. In 12 Stücke schneiden, mit Salz und Pfeffer würzen und im Mehl wenden.

8 Das restliche Öl erhitzen und die Aalstücke goldbraun anbraten. In die Tomatensauce setzen und zugedeckt bei schwacher Hitze 25 Minuten schmoren.

Kabeljau mit Tomaten aus dem Ofen

Zutaten für 4 Personen
5 Fleischtomaten • 1,4 kg Kabeljau, ausgenommen, ohne
Kopf • 4 Zweige Rosmarin • Meersalz, schwarzer Pfeffer
8 EL Olivenöl • 4 Knoblauchzehen • 2 EL Fenchelsamen
100 g schwarze Oliven • 8 EL Balsamicoessig

**Zubereitungs-
zeit: 1 Stunde**

630/2633 kcal/kJ
74 g Eiweiß
33 g Fett
**8 g Kohlen-
hydrate**

1 Die Tomaten vom Stielansatz befreien, an der Unterseite kreuzweise einschneiden und 1 Minute blanchieren. Abgießen, abschrecken, abziehen, 1 Tomate würfeln und die restlichen halbieren.

2 Den Kabeljau abwaschen, trockentupfen, 2 Rosmarinzweige in die Bauchhöhle legen und innen und außen salzen und pfeffern.

3 Einen großen Bräter mit 4 Esslöffeln Olivenöl auspinseln und den Kabeljau hineinlegen.

4 Die Knoblauchzehen abziehen und in dünne Scheiben schneiden. Die restlichen Rosmarinblätter abzupfen und hacken.

5 Die halbierten Tomaten um den Fisch herum verteilen. Den Kabeljau mit den Tomatenwürfeln belegen.

6 Fisch und Tomaten mit Knoblauch, Rosmarin, Fenchelsamen und Oliven bestreuen. Das restliche Olivenöl darüber träufeln. Den Kabeljau bei 220 °C (Gas Stufe 4–5) 25 Minuten im Backofen garen.

7 Den Balsamicoessig sirupartig einkochen und vor dem Servieren über den Fisch geben.

TIPP Frischen Fisch erkennen Sie an folgenden Merkmalen: Er darf nicht riechen – penetranter Fischgeruch entsteht erst, wenn man Fische zu lang lagert –, die Augen müssen klar sein und die Kiemen leuchtend rot.

Garnelen in würziger Tomatensauce

**Zubereitungs-
zeit: 40 Minuten**

**575/2394 kcal/kJ
82 g Eiweiß
20 g Fett
11 g Kohlen-
hydrate**

Zutaten für 4 Personen
3 Knoblauchzehen · 5 Sardellenfilets · 1 Bund Petersilie
4 EL Olivenöl · 100 ml Weißwein · 1 Dose geschälte Tomaten
à 800 g · 1 EL Zitronensaft · gemahlener Peperoncino
Salz, Pfeffer · 1,5 kg Garnelen

1 Den abgezogenen Knoblauch durchpressen. Die Sardellen abspülen und klein schneiden. Die Petersilie fein hacken.

2 Das Olivenöl in einem großen Topf erhitzen, Knoblauch, Sardellen und Petersilie kurz anbraten und sofort mit dem Weißwein ablöschen.

3 Die Tomaten zerdrücken und in den Topf geben. Mit Zitronensaft, Peperoncino, Salz und Pfeffer würzen. Die Sauce 5 Minuten einkochen lassen.

4 Die Garnelen abwaschen, in die Tomatensauce geben und zugedeckt bei schwacher Hitze in 15 Minuten gar ziehen lassen. Nochmals mit Salz und Pfeffer abschmecken und im Topf servieren.

Kalmar mit Tomate und Paprika

**Zubereitungs-
zeit: 2 Stunden**

**424/1774 kcal/kJ
49 g Eiweiß
16 g Fett
15 g Kohlen-
hydrate**

Zutaten für 4 Personen
*500 g Tomaten · 2 rote Paprikaschoten · 2 Zwiebeln · 1 Knob-
lauchzehe · 4 EL Olivenöl · 150 ml Weißwein · 250 ml Fischfond · 1 kg Kalmar, küchenfertig vorbereitet · Salz, Pfeffer*

1 Die Tomaten vom Stielansatz befreien, an der Unterseite kreuzweise einschneiden und 1 Minute in kochendem Wasser blanchieren. Abgießen, abziehen und in kleine Würfel schneiden.

2 Die Paprikaschoten halbieren, von Stielansatz und Kernen befreien und in Streifen schneiden.

3 Zwiebeln und Knoblauch würfeln und in Öl andünsten.

4 Die Paprikastreifen zugeben und mitbraten. Mit Tomatenwürfeln, Weißwein und Fischfond auffüllen und aufkochen.

5 Den Kalmar längs halbieren und in 2 Zentimeter breite Streifen schneiden. In die Tomatensauce legen und bei schwacher Hitze zugedeckt 1 bis 1 1/2 Stunden ziehen lassen, bis der Kalmar weich und die Sauce etwas eingedickt ist. Vor dem Servieren mit Salz und Pfeffer abschmecken.

Seeteufel mit Tomatenwürfeln

Zutaten für 4 Personen
4 Tomaten • 800 g Seeteufelschwanz • Salz, Pfeffer • 2 EL Öl
100 g Butter • 1 Bund Sauerampfer • 100 ml Weißwein
2 EL Zitronensaft

Zubereitungszeit: 30 Minuten

423/ 1770 kcal/kJ
31 g Eiweiß
30 g Fett
3 g Kohlenhydrate

1 Die Tomaten vom Stielansatz befreien, an der Unterseite einschneiden und 1 Minute blanchieren. Abgießen, abziehen und würfeln.

2 Den Seeteufel in Scheiben schneiden, salzen, pfeffern und im Öl auf jeder Seite 4 Minuten braten.

3 Die Butter zerlassen. Den Sauerampfer von den Stielen befreien, in Streifen schneiden und in die Butter geben.

4 Mit Weißwein und Zitronensaft aufgießen und aufkochen. Mit Salz und Pfeffer würzen. Die Tomaten hinzufügen und in der Sauce warm werden lassen.

5 Die Seeteufelscheiben auf Tellern anrichten und mit Sauce übergießen.

Fleisch und Geflügel

Kaninchenspieße mit gebackenen Tomaten

Zubereitungs-zeit: 30 Minuten

**428/1793 kcal/kJ
32 g Eiweiß
29 g Fett
9 g Kohlen-hydrate**

Zutaten für 4 Personen

600 g Tomaten • 4 Knoblauchzehen • 8 Zweige Rosmarin 8 Lorbeerblätter • grobes Meersalz • 6 EL Olivenöl • 4 Kaninchenrückenfilets • 120 g Geflügelleber • Salz, schwarzer Pfeffer • 3 EL Rotweinessig • Zucker

1 Die Tomaten waschen und quer halbieren. Die Knoblauchzehen abziehen und fein würfeln. Die Blätter von 1 Rosmarinzweig hacken.

2 Eine Auflaufform mit 3 Zweigen Rosmarin und dem Lorbeer auslegen, Tomaten mit der Schnittfläche nach oben darauf setzen, mit Knoblauch, gehacktem Rosmarin und Meersalz bestreuen und mit 4 Esslöffeln Olivenöl beträufeln. Bei 200 °C (Gas Stufe 3–4) 15 Minuten im Ofen backen.

3 Die Kaninchenrücken in jeweils 3 Medaillons und die Leber in 8 Stücke schneiden. Mit einem Spieß Löcher in die Mitte der Fleischstücke stechen und sie abwechselnd auf die 4 verbliebenen Rosmarinzweige fädeln. Im restlichen Öl 8 Minuten braten. Mit Salz und Pfeffer würzen.

4 Die Tomaten mit Essig, Zucker und Pfeffer pikant abschmecken, auf vier Teller verteilen und die Kaninchenspieße darauf anrichten.

INFO Rosmarin lässt sich auch in unseren Breiten – und selbst auf dem Balkon – anpflanzen. Er ist sogar in winterharten Sorten erhältlich.

Tomaten mit orientalischer Füllung

Zutaten für 4 Personen
12 Tomaten • 2 Scheiben Toastbrot • 4 Schalotten • 2 Knob-
lauchzehen • 1 Bund Minze • 1 Bund Petersilie • 5 EL Olivenöl
350 g Lammhack • 1 Ei • 1 TL Senfkörner • Salz, Cayenne-
pfeffer • gemahlener Kreuzkümmel • Zimt • 1 Gurke
50 g Schafskäse

Zubereitungs-
zeit: 1 Stunde
und 30 Minuten

460/1930 kcal/kJ
26 g Eiweiß
33 g Fett
16 g Kohlen-
hydrate

1 Von den Tomaten einen Deckel abschneiden und Früchte aushöhlen. Mit der Öffnung nach unten auf Küchenpapier abtropfen lassen.

2 Das Toastbrot so fein wie möglich zerkrümeln.

3 Die Schalotten abziehen, die eine Hälfte würfeln, die andere in Ringe schneiden. Die Knoblauchzehen pressen. Die Hälfte von Minze und Petersilie hacken.

4 1 Esslöffel Olivenöl erhitzen und die Schalottenwürfel darin glasig dünsten. Mit den gehackten Kräutern, Brot, Lammhack und Ei verkneten. Mit Senfkörnern, Salz, Cayennepfeffer, Kreuzkümmel und Zimt würzen.

5 Die Gurke schälen, halbieren, von den Kernen befreien und in 1 Zentimeter dicke Scheiben schneiden.

6 Die Tomaten mit der Hackfleischmasse füllen, mit Schafskäse bestreuen und in eine Auflaufform setzen. Gurkenscheiben, Schalottenringe und verbliebene Minzeblätter um die Tomaten verteilen. Mit Salz, Kreuzkümmel und Zimt bestreuen und mit dem restlichen Olivenöl begießen.

7 Die gefüllten Tomaten bei 220 °C (Gas Stufe 4–5) 25 Minuten im Backofen garen.

8 Die restliche Petersilie hacken und vor dem Servieren über das Gericht streuen.

In der Küche Algeriens, Marokkos und Tunesiens bereichern exotische Gewürze wie Kreuzkümmel, Zimt, Nelken und Kardamon zusammen mit frischer Minze vor allem Lamm- und Hammelfleischgerichte.

Lammeintopf mit Tomaten

**Zubereitungs-
zeit: 2 Stunden
und 30 Minuten**

**1114/4668 kcal/kJ
55 g Eiweiß
84 g Fett
32 g Kohlen-
hydrate**

Zutaten für 4 Personen

*1 kg Lammschulter ohne Knochen • 100 g Bauchspeck
2 Zwiebeln • 4 Knoblauchzehen • 1 rote Chilischote
4 EL Olivenöl • Salz, schwarzer Pfeffer • 1 EL Tomatenmark
100 ml Weißwein • 800 ml Lammfond • 1 große Kartoffel
500 g Tomaten • 2 Zucchini • 1 Dose Kichererbsen à 500 g
1/2 Bund Majoran • 1/2 Bund Petersilie*

**Lammfond be-
kommen Sie –
genauso wie
Geflügel-, Kalbs-
oder Fischfond –
fertig in Gläsern
in Feinkostläden
oder gut sortier-
ten Super-
märkten.**

1 Das Fleisch von Sehnen und Fett befreien und in große Würfel schneiden. Den Speck erst in Scheiben, dann in Streifen schneiden.

2 Zwiebeln und Knoblauchzehen abziehen und würfeln. Die Chilischote halbieren, entkernen und in Ringe schneiden.

3 Das Fleisch in einer großen Pfanne in 2 Portionen im Olivenöl scharf anbraten, salzen, pfeffern und dann in einen Topf umfüllen.

4 Speck, Zwiebeln, Knoblauch und Chilischote in der Pfanne andünsten. Das Tomatenmark unterrühren und anschwitzen. Mit dem Weißwein ablöschen und vollständig einkochen. Mit dem Lammfond aufgießen und aufkochen. Über das Fleisch geben.

5 Die Kartoffel schälen, reiben und ebenfalls zum Lamm geben. Den Eintopf zugedeckt bei mittlerer Hitze 1 1/2 Stunden garen.

6 In der Zwischenzeit die Tomaten vom Stielansatz befreien, an der Unterseite kreuzweise einschneiden und 1 Minute blanchieren. Abgießen, abschrecken, abziehen und halbieren.

7 Die Zucchini halbieren und in Scheiben schneiden. Die Kichererbsen in ein Sieb geben und abtropfen lassen. Majoran und Petersilie hacken.

8 15 Minuten vor Ende der Garzeit Zucchini und Kichererbsen in den Eintopf geben.

9 Die letzten 5 Minuten Tomaten und Kräuter mitgaren. Mit Salz und Pfeffer abschmecken.

Rinderlendensteaks mit Salsa picante

Zutaten für 4 Personen
8 Tomaten • 1 rote Paprikaschote • 2 Chilischoten • 1 Zwiebel
1 Knoblauchzehe • 4 EL Olivenöl • Salz, schwarzer Pfeffer
4 Rinderlendensteaks

Zubereitungs-
zeit: 45 Minuten

415/1742 kcal/kJ
47 g Eiweiß
22 g Fett
7 g Kohlen-
hydrate

1 Die Tomaten vom Stielansatz befreien, an der Unterseite kreuzweise einschneiden und 1 Minute blanchieren. Abgießen, abschrecken, abziehen und klein schneiden.
2 Paprika halbieren, von Stielansatz, Kernen und weißen Zwischenwänden befreien und würfeln. Die Chilischoten halbieren, entkernen und in Ringe schneiden.
3 Zwiebel und Knoblauchzehe abziehen und würfeln. Alle vorbereiteten Zutaten vermischen und grob pürieren.
4 2 Esslöffel Olivenöl in einem kleinen Topf erwärmen, die Tomatensauce einrühren und 10 Minuten bei schwacher Hitze kochen. Mit Salz würzen. Auf Zimmertemperatur abkühlen lassen.
5 Die Steaks salzen, pfeffern und im restlichen Olivenöl auf jeder Seite 4 bis 6 Minuten, je nach gewünschter Garstufe, braten. Die Salsa getrennt dazu reichen.

INFO Kichererbsen aus der Dose schmecken genauso gut und enthalten kaum weniger Nährstoffe als frische Kichererbsen, da sie sehr schonend hergestellt werden.

Hähnchen mit Tomate

**Zubereitungs-
zeit: 45 Minuten**

331/1387 kcal/kJ
39 g Eiweiß
14 g Fett
**11 g Kohlen-
hydrate**

Zutaten für 4 Personen

*500 g Tomaten • 600 g Hähnchenbrust • Salz, Pfeffer
3 EL Öl • 2 Frühlingszwiebeln • 2 grüne Peperoni • Chilipulver • 4 Knoblauchzehen • 1 Bund Koriander
1 TL Kreuzkümmelsamen • 2 TL gemahlener Ingwer*

1 Die Tomaten vom Stielansatz befreien, an der
Unterseite kreuzweise
einschneiden und 1 Minu-
te blanchieren. Abgießen,
abschrecken, abziehen
und klein schneiden.
2 Die Hähnchenbrust in
mundgerechte Würfel
schneiden, mit Salz und
Pfeffer einreiben und in
2 Esslöffeln Öl kurz an-

braten. 10 Minuten zuge-
deckt bei schwacher Hitze
im eigenen Saft schmo-
ren. Dabei gelegentlich
umrühren.
3 Frühlingszwiebeln und
Peperoni hacken. Mit den
Tomatenstücken zum
Hähnchenfleisch geben.
Mit Chilipulver würzen
und im offenen Topf
15 Minuten garen.

*Mit Chili,
Koriander und
Ingwer gewürzt,
schmeckt das
Hähnchenfleisch
frisch und
exotisch.*

4 Den Knoblauch durchpressen. Den Koriander fein schneiden.
5 Das restliche Öl in einer kleinen Pfanne erhitzen. Die Kreuzkümmelsamen darin 2 Minuten rösten. Ingwerpulver und Knoblauch einrühren, kurz mitdünsten und die Gewürzmischung über das Fleisch geben.
6 Den Koriander unter die Sauce heben, 5 Minuten kochen und mit Salz und Pfeffer abschmecken.

Kalbsschnitzel mit Tomaten-Zitronen-Sauce

Zutaten für 4 Personen
1 kleine Zwiebel • 1 Knoblauchzehe • 3 EL Olivenöl • 4 EL Weißwein • 1 Dose geschälte Tomaten à 400 g • 3 EL Zitronensaft Paprikapulver, edelsüß • Zucker • Salz, Pfeffer • 4 Kalbsschnitzel • 50 g Mehl • 1 EL Butter

Zubereitungszeit: 30 Minuten

330/1383 kcal/kJ
29 g Eiweiß
15 g Fett
16 g Kohlenhydrate

1 Zwiebel und Knoblauchzehe abziehen und würfeln. 2 Esslöffel Olivenöl in einem Topf erhitzen und Zwiebel und Knoblauch darin glasig dünsten. Mit dem Weißwein ablöschen.
2 Die Dosentomaten mit Flüssigkeit und 200 Milliliter Wasser zugeben und 15 Minuten bei mittlerer Hitze kochen. Im Mixer pürieren, nochmals kurz aufkochen und mit Zitronensaft, Paprikapulver, Zucker, Salz und Pfeffer abschmecken.
3 Die Kalbsschnitzel flachklopfen, salzen, pfeffern und in Mehl wenden. Restliches Olivenöl und Butter erhitzen und die Schnitzel 8 Minuten bei mittlerer Hitze braten. Nach der Hälfte der Zeit wenden.
4 Das Fleisch auf Tellern anrichten und mit der Sauce übergießen.

Gebratene Entenbrust mit Tomatenchutney

**Zubereitungs-
zeit: 50 Minuten**

**561/2354 kcal/kJ
38 g Eiweiß
41 g Fett
10 g Kohlen-
hydrate**

**Die aus Indien
stammenden
Chutneys sind
süß-scharfe, mit
Essig angenehm
gesäuerte Mi-
schungen aus
verschiedenen
Obst- und/oder
Gemüsesorten,
die mit Gewür-
zen eingekocht
werden.**

Zutaten für 4 Personen

*350 g Tomaten • 4 Knoblauchzehen • 6 cm Ingwerwurzel
125 ml Apfelessig • 1 EL Zucker • Cayennepfeffer • Salz,
Pfeffer • 800 g Entenbrust • 2 EL Pflanzenöl*

1 Die Tomaten vom Stiel- ansatz befreien, an der Unterseite kreuzweise einschneiden, in kochen- dem Wasser 1 Minute blanchieren und ab- schrecken. Die Haut ab- ziehen, das Fruchtfleisch vierteln, entkernen und würfeln.

2 Die Knoblauchzehen abziehen und durchpres- sen. Den Ingwer schälen und fein reiben.

3 Tomatenwürfel, Knob- lauch, Ingwer, Apfelessig und Zucker in einen Topf geben und bei schwacher Hitze in 15 Minuten zu einer dicken Sauce ein- kochen lassen. Mit Ca- yennepfeffer und Salz würzen.

4 Den Backofen auf 200 °C (Gas Stufe 3–4) vorheizen.

5 Die Entenbrüste auf der Fettseite mehrmals schräg einschneiden und rundum salzen und pfeffern.

6 Das Öl bei starker Hit- ze in einer gusseisernen Pfanne heiß werden las- sen und die Entenbrüste auf der Unterseite kurz anbraten. Wenden, in den vorgeheizten Ofen schie- ben und in 16 Minute bra- ten, so dass sie innen noch rosa sind. Nach 10 Minu- ten nochmals umdrehen, so dass die Fettseite wie- der oben ist.

7 Die Entenbrust wieder aus dem Ofen nehmen und 2 Minuten ruhen las- sen. Anschließend in fin- gerdicke Scheiben schnei- den, auf Tellern anrichten und mit dem Tomaten- chutney servieren.

Schweinekoteletts mit Tomatenhäckerle

Zutaten für 4 Personen
1 Fleischtomate • 6 Tomaten • 1 rote Zwiebel • 1 Knoblauchzehe • 300 g frische Steinpilze • 7 EL Olivenöl • 3 EL Balsamicoessig • Salz, schwarzer Pfeffer • 1/2 Bund Kerbel 1/2 Bund Schnittlauch • 4 Scheiben Weizentoastbrot 1 EL Butter • 4 Schweinekoteletts • 2 Bund Rucola

Zubereitungszeit: 45 Minuten

572/2398 kcal/kJ
37 g Eiweiß
40 g Fett
17 g Kohlenhydrate

1 Die Fleischtomate in 4 Scheiben schneiden. Die Tomaten vom Stielansatz befreien, vierteln, entkernen und würfeln.

2 Zwiebel und Knoblauchzehe abziehen und fein würfeln. Die Steinpilze putzen und klein schneiden.

3 2 Esslöffel Olivenöl erhitzen und die Steinpilze bei starker Hitze anbraten. Zwiebel und Knoblauch zugeben und mitdünsten. Mit 1 Esslöffel Balsamicoessig ablöschen, salzen, pfeffern und abkühlen lassen.

4 Kerbel hacken, Schnittlauch in feine Röllchen schneiden und dann beides mit 1/3 der Tomatenwürfel zu den Steinpilzen geben.

5 Das Toastbrot in Würfel schneiden und in 1 Esslöffel Öl und der Butter knusprig braten.

6 Die Koteletts 12 Minuten in einer Pfanne braten. Mit Salz und Pfeffer würzen.

7 Den Rucola putzen und waschen. Aus restlichem Essig und Öl, Salz und Pfeffer eine Vinaigrette rühren, eine Hälfte mit dem Rucola, die andere mit den Tomatenwürfeln vermischen.

8 Den Rucola auf vier Teller verteilen. Die Koteletts darauf anrichten. Die Steinpilzmischung auf die Tomatenscheiben geben und auf die Koteletts setzen. Brot- und Tomatenwürfel ringsum verteilen.

Selbst gemachte Tomatenspezialitäten

Wenn die Tomaten reif sind, dann ist jede italienische Mama auch heute noch tagelang damit beschäftigt, ihren Tomatensugo nach altem Familienrezept als Grundlage für alle Rezepte mit Tomatensauce für den langen Winter zu kochen. Sonnengereifte, tiefrote Tomaten bilden auch die Basis für die aromastarken getrockneten Tomaten. Und selbst der heutzutage wohl bekanntesten Würzsauce auf Tomatenbasis, dem Ketchup, lassen sich gänzlich neue Seiten abgewinnen, wenn man ihn einmal selbst aus frischen Tomaten herstellt.

Eingemachte Tomatensauce

3 kg Tomaten • 1 kg große gelbe Peperoni • 2 Zwiebeln • 200 ml Weißweinessig • 4 Nelken • 1 getrocknete Chilischote • 1 TL Zucker • schwarzer Pfeffer 1 TL Salz

1 Die Tomaten vom Stielansatz befreien und halbieren. Peperoni in Stücke schneiden, Zwiebeln würfeln.

2 Die so vorbereiteten Zutaten in einem Topf vermischen und bei schwacher Hitze ca. 45 Minuten kochen.

3 Das Tomatengemüse pürieren und durch ein Sieb streichen. Zurück in den Topf geben und mit Essig und den Gewürzen in 15 Minuten zu einer dickflüssigen Sauce einkochen.

4 Die Tomatensauce sehr heiß in vorgewärmte Einmachgläser füllen und sofort fest verschließen.

Getrocknete Tomaten

2 kg Eiertomaten • Salz • 4 Knoblauchzehen • 1 Stängel Basilikum • 1 Stängel Petersilie • 12 Kapern • 2 EL Weißweinessig • 600 ml Olivenöl

1 Die Eiertomaten halbieren, mit der Schnittfläche nach oben nebeneinander auf ein Backblech setzen und mit Salz bestreuen. Im Backofen bei 120 °C (Gas Stufe 1) in 7 bis 8 Stunden trocknen. Das Blech herausnehmen und die Tomaten abkühlen lassen.

2 Die Knoblauchzehen abziehen und in Scheiben schneiden. Basilikum und Petersilie hacken.

3 Tomaten, Knoblauch, Kräuter, Kapern und Essig auf vier Gläser verteilen und mit Olivenöl auffüllen. Anschließend fest verschließen und kühl aufbewahren.

Tomatenketchup

*4 kg reife Tomaten • 2 rote Paprika-
schoten • 4 Zwiebeln • 40 g Salz
2 Stängel Basilikum • 2 Stängel Portu-
lak • 2 Stängel Bohnenkraut • 2 Stängel Pimpinelle • 1/2 EL Ysop • 1 TL gemahlene Nelken • 1 TL gemahlene
Muskatblüte • 1 TL gemahlener Piment • 1 TL gemahlener Ingwer
1 TL schwarzer Pfeffer • 1 EL geriebener
Meerrettich • 200 g brauner Zucker
250 ml Weißweinessig • 1 Päckchen
Einmachhilfe*

1 Die Tomaten vom Stielansatz befreien und zerkleinern. Paprika entkernen und in Streifen schneiden. Die
Zwiebeln abziehen und würfeln.

2 Die so vorbereiteten Zutaten mit
dem Salz in einen Topf geben und unter häufigem Umrühren bei schwacher Hitze im eigenen Saft 40 Minuten kochen. Anschließend durch ein
Sieb streichen und wieder zurück in
den Topf geben.

3 Die Kräuter hacken und mit den
Gewürzen und dem Meerrettich zu
den Tomaten geben. Bei schwacher
Hitze 45 Minuten einkochen lassen.

4 Braunen Zucker und Essig zugeben
und so lange weitergaren, bis sich der
Zucker aufgelöst hat. Zum Schluss die
Einmachhilfe einrühren.

5 Den Ketchup in Flaschen füllen, fest
verkorken und kühl aufbewahren.

Tomatenmus

*4 reife Tomaten • 2 grüne Paprika-
schoten • 4 Knoblauchzehen • 1 EL Olivenöl • Salz • 4 Scheiben Brot*

1 Tomaten mit kochendem Wasser
überbrühen, abziehen und würfeln.

2 Paprikaschoten waschen, halbieren, entkernen und klein schneiden.
Knoblauch abziehen, klein hacken
und pressen.

3 Tomatenwürfel, Paprikastücke und
gepressten Knoblauch einige Minuten im Olivenöl bei mittlerer Hitze zu
Mus einkochen. Leicht salzen und ab-
gekühlt auf die Brote verteilen.

*Für Tomatenmus sollten Sie nur
wirklich reife Früchte verwenden.*

Zucchini – das freundliche Gemüse

Im Gegensatz zum Kürbis ist es eine wahre Freude, mit Zucchini zu kochen. Ihr weiches Fruchtfleisch lässt sich ohne große Mühe in alle Formen bringen. Ob man sie nur in Stücke schneiden will oder zur Verwendung als Gemüsebeilage ausgefallenere Formen wie Fächer oder Ziehharmonikas wählt, der Arbeitsaufwand hält sich immer in Grenzen. Zucchinihälften, die man füllen will, lassen sich mit Hilfe eines Kugelausstechers oder eines Teelöffels einfach aushöhlen. Nicht einmal schälen muss man sie: Einfaches Waschen reicht als Vorbereitung aus.

Der zarte Geschmack

Durch Zubereitungsmethoden wie Marinieren oder Grillen lassen sich mit Zucchini trotz oder gerade wegen ihres zurückhaltenden, aber doch charakteristischen Eigengeschmacks leichte sommerliche Leckerbissen herstellen, die durch die einfache Verarbeitung und kurze Garzeiten ohne großen Aufwand durchzuführen sind. Aus diesem Grund gibt es auch eine Vielzahl von vegetarischen Gerichten, in denen die Zucchini die Hauptrolle spielt.

Zucchini eignen sich aber auch ideal für die Kombination mit selbst nicht so stark hervortretenden Zutaten wie vielen Fischen, zartem Fleisch oder jungem Geflügel. Weiterhin eignen sie sich auch vorzüglich als Geschmacksträger für kräftige Gewürze bei Füllungen und Saucen.

Dass Zucchini zur Familie der Kürbisse gehören, sagt uns nur ihr italienischer Name, der übersetzt »kleine Kürbisse« bedeutet.

Zucchiniblüten werden im Piemont mit einer Mischung aus Zwiebeln, Rosmarin, Schweinemett, Eiern und Parmesan gefüllt und in Butter ausgebacken.

Vorspeisen

Zucchini in Knoblauchöl gebraten

Zubereitungs-
zeit: 45 Minuten

248/1039 kcal/kJ
3 g Eiweiß
25 g Fett
5 g Kohlen-
hydrate

Zutaten für 4 Personen
600 g Zucchini • Salz, schwarzer Pfeffer • 2 Knoblauchzehen
8 EL Olivenöl • 1 TL getrockneter Oregano

1 Die Zucchini waschen, von Blütenansatz und Stielende befreien und leicht schräg in 4 Millimeter dicke Scheiben schneiden.

2 Leicht salzen, 15 Minuten Feuchtigkeit ziehen lassen und mit Küchenpapier trockentupfen.

3 Die Knoblauchzehen abziehen und halbieren.

Das Olivenöl mit den Knoblauchhälften erhitzen und die Zucchinischeiben darin schwimmend bei starker Hitze in 8 Minuten portionsweise goldbraun braten.

4 Herausnehmen und auf Küchenpapier abtropfen lassen. Mit Pfeffer und Oregano bestreuen und noch warm servieren.

Marinierte Zucchini

Zubereitungs-
zeit: 30 Minuten

257/1076 kcal/kJ
3 g Eiweiß
25 g Fett
6 g Kohlen-
hydrate

Zutaten für 4 Personen
600 g Zucchini • 8 EL Olivenöl • 1 Schalotte • 2 Knoblauchzehen • 1/2 Bund Pfefferminze • 1 EL Zitronensaft • 1 EL Balsamicoessig • 1 EL Weißweinessig • Salz, schwarzer Pfeffer

1 Die Zucchini waschen, von Blütenansatz und Stielende befreien und in Scheiben schneiden.

2 2 Esslöffel Olivenöl erhitzen und die Gemüsescheiben pro Seite 5 Minuten braten.

3 Schalotte und Knoblauchzehen abziehen und fein würfeln. Die Pfefferminzblätter abzupfen, waschen, trockentupfen und hacken.

4 Die gebratenen Zucchinischeiben schichtweise in eine kleine Schüssel legen und jede Lage mit etwas Zitronensaft, Balsamico-, Weißweinessig, Schalotten, Knoblauch, Minze, Salz und Pfeffer würzen. Dann mit dem restlichen Olivenöl aufgießen.

5 Über Nacht im Kühlschrank marinieren lassen und am nächsten Tag mit Zimmertemperatur servieren.

Zucchinifritters mit Sauerrahmdip

Zutaten für 4 Personen
600 g Zucchini · 200 g Sauerrrahm · 1 TL Zitronensaft
1 TL Basilikumpesto (Fertigprodukt) · Paprikapulver, edelsüß
Tabasco · Salz, Pfeffer · 1 Ei · 2 EL Milch · 50 g Mehl
100 g Semmelbrösel · Öl zum Frittieren

Zubereitungszeit: 25 Minuten

222/932 kcal/kJ
11 g Eiweiß
4 g Fett
35 g Kohlenhydrate

1 Die Zucchini waschen, von Blütenansatz und Stielende befreien und in Stifte von 5 Zentimeter Länge und 1 Zentimeter Dicke schneiden.

2 Für den Dip den Sauerrahm mit Zitronensaft und Pesto verrühren und mit Paprika, Tabasco, Salz und Pfeffer würzen.

3 Ei und Milch verrühren. Die Zucchinistifte trockentupfen. Zuerst in Mehl, dann in Ei wälzen und mit den Semmelbröseln panieren.

4 Das Öl in einer Fritteuse auf 180 °C erhitzen und die Stifte in 6 Minuten goldbraun frittieren. Herausnehmen, auf Küchenpapier abtropfen lassen und auf einem Teller anrichten. Den Dip getrennt dazu reichen.

Zucchini in Weinblättern

Zubereitungs-
zeit: 50 Minuten

Zutaten für 4 Personen
12–16 Weinblätter • 4 Zucchini • 200 g Schafskäse
1 TL getrockneter Thymian • Pfeffer • 1 EL Öl

189/794 kcal/kJ
12 g Eiweiß
14 g Fett
4 g Kohlen-
hydrate

1 Die Weinblätter für kurze Zeit in eine Schüssel mit kaltem Wasser legen und abtropfen lassen.
2 Die Zucchini waschen, von Blütenansatz und Stielende befreien und längs halbieren. Die Kerne mit einem Teelöffel herauskratzen, so dass eine Mulde entsteht.

3 Den Schafskäse mit einer Gabel zerdrücken, mit dem getrockneten Thymian und einer kräftigen Prise Pfeffer verrühren und in die Zucchinimulden streichen.
4 Die Zucchinihälften wieder zusammensetzen und fest in Weinblätter einwickeln.

Diese griechisch anmutenden Zucchiniröllchen können Sie als Snack, als Vorspeise oder für ein kaltes Büfett zubereiten.

5 Eine Auflaufform einölen, die Zucchini darin 30 Minuten bei 200 °C (Gas Stufe 3–4) backen.

6 Die Zucchini herausnehmen, in Portionshappen schneiden und servieren.

Zucchinitortilla mit Speck und Spinat

Zutaten für 4 Personen
100 g Blattspinat • 2 Zucchini • 1 gekochte Kartoffel
1 kleine Zwiebel • 6 Eier • 2 EL Milch • Salz, schwarzer Pfeffer
100 g Bauchspeck • 2 EL Öl

Zubereitungszeit: 30 Minuten

449/1883 kcal/kJ
15 g Eiweiß
40 g Fett
7 g Kohlenhydrate

1 Den Spinat waschen, putzen und die Stiele entfernen. In kochendem Wasser 2 Minuten blanchieren, abschrecken, abtropfen lassen und hacken.

2 Die Zucchini waschen, von Blütenansatz und Stielende befreien und grob raspeln. Die Kartoffel pellen und in kleine Würfel schneiden. Die Zwiebel abziehen und ebenfalls würfeln.

3 Die Eier mit der Milch in einer Schüssel verschlagen und Spinat, Zucchini, Kartoffel und Zwiebel unterheben. Mit Salz und Pfeffer würzen.

4 Den Speck würfeln und bei starker Hitze in einer Gusspfanne leicht auslassen. Das Öl zugeben und erhitzen. Die Eimasse hineinschütten und die Pfanne ständig hin und her rütteln, bis die Masse etwas fest wird und man sie wenden kann.

5 Die Hitze sofort reduzieren, die Pfanne zudecken und die Tortilla 5 Minuten ziehen lassen.

6 Die Tortilla auf den Deckel gleiten lassen und umgedreht in die Pfanne zurück stürzen. Nochmals kurz erhitzen. Auf einen Teller geben und in Portionsstücke zerteilen.

Suppen

Zucchinicremesuppe

**Zubereitungs-
zeit: 45 Minuten**

**265/1114 kcal/kJ
5 g Eiweiß
20 g Fett
9 g Kohlen-
hydrate**

Zutaten für 4 Personen
800 g Zucchini • 1 Zwiebel • 2 EL Öl • 150 ml Weißwein
1 l Gemüsebrühe • 100 g Sahne • Currypulver • Salz, Pfeffer
*1 EL Zitronensaft • 50 g Crème fraîche • 1/2 Bund Schnitt-
lauch*

1 Die Zucchini waschen, von Blütenansatz und Stielende befreien und in Scheiben schneiden.

2 Die Zwiebel würfeln. Das Öl in einem Suppentopf erhitzen und die Zwiebelwürfel darin glasig dünsten. Die Zucchinischeiben zugeben und wenden, bis sie etwas mit Öl überzogen sind.

3 Das Gemüse mit dem Weißwein ablöschen und mit der kalten Gemüsebrühe aufgießen.

4 Die Suppe mit geschlossenem Deckel aufkochen und bei schwacher Hitze 25 Minuten ziehen lassen, bis die Zucchini weich sind. Mit einem Mixstab pürieren.

5 Die Sahne zugeben. Mit Currypulver, Salz und Pfeffer würzen und aufkochen. Wenn die Suppe zu dickflüssig ist, mit etwas Wasser verdünnen.

6 Die Suppe vom Herd nehmen, Zitronensaft und Crème fraîche einrühren und nochmals mit Salz und Pfeffer abschmecken.

7 Den Schnittlauch in feine Röllchen schneiden und über die Suppe streuen.

Tipp Für eine besonders feine Suppe können Sie sie nach dem Pürieren durch ein Sieb passieren, um nicht ganz zerkleinerte Rückstände zu entfernen.

Zucchiniminestrone

Zutaten für 4 Personen

150 g Kartoffeln • 4 Tomaten • 200 g Zucchini • 1 Zwiebel
1 Knoblauchzehe • 1 Stange Lauch • 3 EL Olivenöl • 1 EL Toma-
tenmark • 2 EL Weißwein • 1 l Gemüsebrühe • 100 g tiefge-
frorene Erbsen • 3 EL Reis • 1 Salatherz • Salz, weißer Pfeffer
2 Stängel Basilikum • 50 g geriebener Parmesan

**Zubereitungs-
zeit: 1 Stunde**

**281/1182 kcal/kJ
10 g Eiweiß
18 g Fett
19 g Kohlen-
hydrate**

1 Die Kartoffeln schälen und in kleine Würfel schneiden. 5 Minuten in kochendem Wasser blanchieren und abgießen.

2 Die Tomaten vom Stielansatz befreien, an der Unterseite kreuzweise einschneiden und 1 Minute blanchieren. Abgießen, abziehen, vierteln, entkernen und würfeln.

3 Die Zucchini waschen, von Blütenansatz und Stielende befreien, halbieren und in Scheiben schneiden.

4 Zwiebel und Knoblauchzehe würfeln. Den Lauch putzen und in Ringe schneiden.

5 2 Esslöffel Olivenöl in einem Suppentopf erhitzen und Zwiebeln, Knoblauch, Lauchringe und Zucchinischeiben darin andünsten. Tomatenmark einrühren und kurz mitdünsten. Mit dem Weißwein ablöschen. Mit der Gemüsebrühe aufgießen und aufkochen.

6 Kartoffelwürfel, Erbsen und Reis zugeben und bei schwacher Hitze so lang garen, bis der Reis weich ist.

7 Das Salatherz in Streifen schneiden und mit den Tomatenwürfeln unter die Suppe heben. Mit Salz und Pfeffer würzen und das restliche Olivenöl einrühren.

8 Das Basilikum in feine Streifen schneiden. Die Suppe auf vier Teller verteilen und mit Basilikum und Parmesan bestreut servieren.

Die köstliche Gemüsesuppe aus Italien, die man dort in vielen Varianten zubereitet, wird gekrönt durch frisches, duftendes Basilikum und frisch geriebenen, würzigen Parmesan.

Salate

Zucchinisalat mit Shrimps und Oliven

Zubereitungs-
zeit: 25 Minuten

324/1357 kcal/kJ
8 g Eiweiß
30 g Fett
6 g Kohlen-
hydrate

Zutaten für 4 Personen

4 Zucchini · 2 EL Pflanzenöl · 1 EL Zitronensaft · Salz,
schwarzer Pfeffer · 1 kleine Zwiebel · 2 EL Weißweinessig
4 EL Olivenöl · Senfpulver · 100 g Cocktailshrimps
100 g Oliven · 1/2 Bund Schnittlauch

1 Die Zucchini waschen, von Blütenansatz und Stielende befreien und leicht schräg in 1/2 Zentimeter dicke Scheiben schneiden.

2 Die Zucchini im Pflanzenöl anbraten. Mit Zitronensaft und 4 Esslöffeln Wasser aufgießen und 10 Minuten zugedeckt dünsten. Mit Salz würzen.

Zucchini vertragen bei ihrer Zubereitung, ähnlich wie Tomaten, eine kräftige Prise Zucker.

3 Die Zwiebel abziehen und fein hacken. Mit Essig, Olivenöl und der Zucchinibrühe zu einer sämigen Sauce verrühren. Mit Senfpulver, Salz und Pfeffer abschmecken.

4 Shrimps, Oliven und Zucchinischeiben vermischen und mit dem Dressing anmachen. Den Schnittlauch in Röllchen schneiden und über den Salat streuen.

Radicchiosalat mit Zucchini und Melone

Zutaten für 4 Personen
2 Zucchini · 2 Köpfe Radicchio · 1 Gurke · 1 Kantalupmelone
5 EL Himbeeressig · 5 EL Olivenöl · 2 EL Marsala · Zucker
Salz, Pfeffer

**Zubereitungs-
zeit: 40 Minuten**

**215/902 kcal/kJ
3 g Eiweiß
16 g Fett
13 g Kohlen-
hydrate**

1 Die Zucchini waschen, von Blütenansatz und Stielende befreien und in dünne Scheiben schneiden. In kochendem Salzwasser 5 Minuten blanchieren und abgießen.
2 Den Radicchio von Außenblättern befreien, vierteln, den Wurzelstrunk herausschneiden und die Blätter waschen.
3 Die Gurke waschen, halbieren, die Kerne mit einem Löffel herauskratzen und die Gurkenhälften leicht schräg in Scheiben schneiden.

4 Die Kantalupmelone halbieren, die Kerne entfernen, die Hälften in Spalten schneiden, das Fruchtfleisch auslösen und klein schneiden.
5 Alle vorbereiteten Salatzutaten in einer Schüssel vorsichtig vermischen.
6 Himbeeressig, Olivenöl und Marsala zu einem Dressing verrühren und mit Zucker, Salz und Pfeffer abschmecken.
7 Das Dressing unter den Salat heben und vor dem Servieren kurz durchziehen lassen.

Zucchini-Bohnen-Salat

Zubereitungszeit: 30 Minuten

167/701 kcal/kJ
5 g Eiweiß
13 g Fett
8 g Kohlenhydrate

Zutaten für 4 Personen

500 g Prinzessbohnen • 2 Zucchini • 1 Kopfsalat • 1 Zwiebel 2 EL Weißweinessig • 1 EL Zitronensaft • 4 EL Sonnenblumenöl • 2 Stängel Dill • Salz, Pfeffer

1 Die Bohnen waschen, von den Enden befreien und abfädeln. In kochendem, leicht gesalzenem Wasser in 8 Minuten blanchieren, so dass sie gerade bissfest sind, abgießen und abschrecken.

2 Die Zucchini waschen, von Blütenansatz und Stielende befreien, halbieren und in Scheiben schneiden. Ebenfalls 5 Minuten in kochendem Salzwasser garen und abgießen.

3 Den Salat in Blätter zerteilen, waschen und trockenschleudern.

4 Für das Dressing die Zwiebel fein würfeln. Mit Essig, Zitronensaft und Öl verrühren. Den Dill hacken und in die Sauce geben. Mit Salz und Pfeffer abschmecken.

5 Die Salatblätter auf einer Platte auslegen, die Bohnen darauf verteilen und die Zucchini in die Mitte geben. Mit dem Dressing beträufeln.

TIPP Hochwertige Pflanzenöle geben Salaten den letzten Schliff. Beim Kauf können Sie zwischen zahlreichen Pflanzenölen wählen, die sich in Farbe, Geschmack und Nährstoffgehalt unterscheiden. Sonnenblumenöl ist eines der geschmacklich neutraleren Öle und eignet sich hervorragend zur Kombination mit Zutaten, die einen starken Eigengeschmack besitzen. Wenn Sie zusätzliches Aroma in Ihren Salat bringen wollen, greifen Sie zu kaltgepresstem Olivenöl oder zu ausgefalleneren Ölen wie Walnussöl oder steirischem Kürbiskernöl.

Honigmöhren auf Friséesalat

Zutaten für 4 Personen
400 g junge Möhren mit Grün • 100 ml Gemüsebrühe
Saft von 1 Orange • 2 EL Honig • Salz, Cayennepfeffer
2 Zucchini • 1 EL Butter • 2 EL Weißwein • weißer Pfeffer
2 EL Balsamicoessig • 3 EL Zitronensaft • 4 EL Olivenöl
Zucker • 1 Kopf Friséesalat • 1 Bund Basilikum

**Zubereitungs-
zeit: 35 Minuten**

**248/1038 kcal/kJ
4 g Eiweiß
16 g Fett
19 g Kohlen-
hydrate**

1 Das Grün der Möhren bis auf 1 Zentimeter abschneiden und das Gemüse abschaben.

2 Gemüsebrühe mit 5 Esslöffeln Orangensaft erhitzen, den Honig darin auflösen und die Möhren hineingeben. Mit Salz und Pfeffer würzen und 12 Minuten zugedeckt bei schwacher Hitze garen. Im Sud abkühlen lassen.

3 Die Zucchini waschen, von Blütenansatz und Stielende befreien und in dicke Stifte schneiden.

4 Die Butter zerlassen und die Zucchini darin anbraten. Mit Weißwein und 2 Esslöffeln Wasser aufgießen und 8 Minuten zugedeckt dünsten. Mit Salz und Pfeffer würzen.

5 Balsamicoessig, Zitronensaft, Öl und restlichen Orangensaft verrühren. Mit Salz und Zucker abschmecken.

6 Den Friséesalat putzen, waschen und etwas zerkleinern. Die Basilikumblätter abzupfen und mit dem Salat mischen.

7 Die Salatblätter auf vier Teller verteilen, Honigmöhren und gedünstete Zucchini darauf anrichten und mit dem Dressing begießen.

Selbst Supermärkte bieten mittlerweile Möhren mit Grün an. Sie sind zwar etwas teurer als die in Plastik abgepackte Ware, dafür aber frischer und appetitlicher.

INFO Balsamicoessig, ein süßer, besonders milder Essig aus Italien, wird aus zuckerreichen Trauben gewonnen. Der Most wird eingekocht und wie Wein in Holzfässern gelagert. Edle Sorten können bis zu 20 Jahre alt sein.

Vegetarische Gerichte

Zucchini mit Paprika-Mais-Schafskäse-Füllung

Zubereitungszeit: 50 Minuten

**218/915 kcal/kJ
10 g Eiweiß
15 g Fett
10 g Kohlenhydrate**

Wenn Sie die Zucchinihälften vor dem Füllen 5 Minuten in kochendem Wasser blanchieren, müssen sie nur noch 10 Minuten überbacken werden.

Zutaten für 4 Personen

4 Zucchini • 1 kleine Zwiebel • je 1 rote und gelbe Paprikaschote • 2 El Olivenöl • 150 g Schafskäse • 100 g Mais (tiefgefroren oder aus der Dose) • getrockneter Oregano Salz, Pfeffer • 200 ml Gemüsebrühe

1 Die Zucchini waschen, von Blütenansatz und Stielende befreien und halbieren. Mit einem Kugelausstecher oder einem Teelöffel die Kerne und etwas Fruchtfleisch herauskratzen, so dass eine Längsmulde für die Füllung entsteht. Das entfernte Fruchtfleisch grob hacken.

2 Die Zwiebel abziehen und würfeln. Die Paprikaschoten vom Stielansatz befreien, halbieren und Kerne und Zwischenwände entfernen. Die Paprikahälften in kleine Stücke schneiden.

3 Das Olivenöl erhitzen und Zwiebel und Paprika darin andünsten. Das gehackte Zucchinifruchtfleisch zugeben und 5 Minuten bei mittlerer Hitze braten. Mit 2 Esslöffeln Wasser aufgießen und zugedeckt weitere 5 Minuten garen.

4 Den Schafskäse zerbröckeln und mit dem Mais zum Gemüse geben. Mit Oregano, Salz und Pfeffer würzen.

5 Die Gemüsebrühe in eine Auflaufform geben und die Zucchinihälften hineinsetzen. Die Paprikafüllung auf die Zucchini verteilen und bei 180 °C (Gas Stufe 2–3) 25 Minuten im Ofen überbacken.

Zucchiniröllchen mit Käse-Kräuter-Reis

Zutaten für 4 Personen

100 g Wildreis · 2 große Zucchini · 4 EL Öl · frische Kräuter (Petersilie, Thymian, Salbei, Majoran) · 150 g Hüttenkäse Salz, Pfeffer · 4 EL Butter · 50 g geriebener Pecorino 2 EL Semmelbrösel · 2 Knoblauchzehen · 150 g Joghurt 2 EL Sahnequark

Zubereitungs- zeit: 1 Stunde und 10 Minuten

396/1659 kcal/kJ 14 g Eiweiß 30 g Fett 17 g Kohlen- hydrate

1 Den Reis mit der 2,5fachen Menge Wasser in ca. 30 Minuten weich kochen.

2 Die Zucchini waschen, von Blütenansatz und Stielende befreien und mit einer Aufschnittma-schine längs in dünne Scheiben schneiden. 16 große Scheiben aus-wählen und den Rest zerkleinern.

3 Das Öl erhitzen, die Zucchinischeiben por-tionsweise auf beiden Sei-ten kurz braten und auf Küchenpapier abtropfen lassen.

4 Die Kräuter hacken und mit den Zucchini-resten, dem Reis und Hüt-tenkäse vermischen. Mit Salz und Pfeffer würzen.

5 Die Zucchinischeiben auf einer Arbeitsfläche nebeneinander auslegen, jeweils 1 Esslöffel der Füllung darauf geben und vorsichtig aufrollen.

6 Eine Auflaufform but-tern und die Zucchiniröll-chen nebeneinander hin-einsetzen. Mit Pecorino, Semmelbröseln und But-terflöckchen bestreuen und 20 Minuten bei 200 °C (Gas Stufe 3–4) im Ofen backen.

7 In der Zwischenzeit die Knoblauchzehen abzie-hen und durchpressen. Mit Joghurt und Quark verrühren und mit Salz und Pfeffer abschmecken. In den Kühlschrank stel-len und getrennt zu den Zucchiniröllchen reichen.

Zucchinischeiben in Haselnusspanade

**Zubereitungs-
zeit: 25 Minuten**

**530/2219 kcal/kJ
13 g Eiweiß
45 g Fett
19 g Kohlen-
hydrate**

Zutaten für 4 Personen
6 Zucchini · 2 Eier · 50 g Mehl · 100 g geriebene Haselnüsse
2 EL Öl · 250 g Sahne · 2 EL Weißwein · Balsamicoessig
geriebene Muskatnuss · Salz, Pfeffer

1 Die Zucchini waschen, von Blütenansatz und Stielende befreien und schräg in 1 Zentimeter dicke Scheiben schneiden.
2 Die Eier verschlagen. Die Zucchinischeiben erst in Mehl, dann in Ei und abschließend in Haselnüssen wenden.
3 Das Öl in einer großen Pfanne erhitzen und die Zucchinischeiben darin bei mittlerer Hitze auf jeder Seite 5 Minuten braten.
4 In der Zwischenzeit Sahne mit Weißwein erhitzen und um ein Drittel einkochen. Mit einigen Tropfen Balsamicoessig, Muskatnuss, Salz und Pfeffer würzen. Zu den Zucchinischeiben reichen.

Zucchini-Apfel-Curry

**Zubereitungs-
zeit: 30 Minuten**

**130/546 kcal/kJ
3 g Eiweiß
7 g Fett
14 g Kohlen-
hydrate**

Zutaten für 4 Personen
4 Zucchini · 2 EL Butterschmalz · 2 cm Ingwerwurzel
1/2 TL Kreuzkümmel · 1 TL Koriander · 1 TL Kurkuma
1/2 grüne Chilischote · 2 Lorbeerblätter · 2 Äpfel
100 ml Kokosmilch oder 50 g Kokosraspeln · Zucker
Zimt · Salz, Pfeffer

1 Die Zucchini von Blütenansatz und Stielende befreien, halbieren und Scheiben schneiden.
2 Das Butterschmalz in einen Topf geben, zerlassen und die Zucchini darin andünsten.

3 Den Ingwer schälen, in feine Stifte schneiden. Kreuzkümmel und Koriander in einem Mörser zerstoßen. Mit Ingwer, Kurkuma, Chilischote und Lorbeer zu den Zucchini geben und kurz mitbraten.
4 Mit 250 Milliliter Wasser auffüllen und zugedeckt 8 Minuten bei mittlerer Hitze garen.

5 Äpfel schälen, vom Kerngehäuse befreien, in Stücke schneiden. Mit der Kokosmilch zum Gemüse geben. Bei der Verwendung von Kokosraspeln noch etwas Wasser zufügen. 5 Minuten kochen.
6 Lorbeerblätter und Chilischote entfernen und das Curry mit Zucker, Zimt, Salz und Pfeffer abschmecken.

Zucchinigratin

Zutaten für 4 Personen
800 g Zucchini • 400 g Tomaten • 2 EL Butter • 100 g Sahne
Salz, Pfeffer • 1/2 Bund Thymian • 100 g geriebener Emmentaler

Zubereitungszeit: 50 Minuten

264/1109 kcal/kJ
12 g Eiweiß
20 g Fett
8 g Kohlenhydrate

1 Die Zucchini waschen, von Blütenansatz und Stielende befreien und in Scheiben schneiden.
2 Die Tomaten vom Stielansatz befreien, einschneiden und 1 Minute blanchieren. Abgießen, abziehen und vierteln.
3 Eine Auflaufform buttern. Die Zucchinischeiben und Tomatenviertel

in Reihen abwechselnd dachziegelartig in die Form schichten.
4 Das Gratin mit der Sahne begießen und mit Salz und Pfeffer würzen. Mit Thymianblättchen und Käse bestreuen.
5 Den Ofen auf 200 °C (Gas Stufe 3–4) vorheizen und das Gratin 20 Minuten backen.

Zucchinipuffer

**Zubereitungs-
zeit: 30 Minuten**

**404/1695 kcal/kJ
18 g Eiweiß
28 g Fett
21 g Kohlen-
hydrate**

Zutaten für 4 Personen
800 g Zucchini • 6 Eier • 50 g Mehl • 100 g gekochter Reis
getrockneter Thymian • Currypulver • Paprikapulver, edel-
süß • Salz, schwarzer Pfeffer • 3 EL Öl • 100 g Crème fraîche

1 Die Zucchini waschen, von Blütenansatz und Stielende befreien und grob raspeln.
2 Die Eier verschlagen und mit den geraspelten Zucchini, dem Mehl und dem gekochten Reis zu einem zähen Teig verarbeiten. Mit Thymian, Curry-, Paprikapulver, Salz und Pfeffer würzen.

3 Das Öl in einer großen Pfanne erhitzen. Mit einem Esslöffel 12 Teighäufchen in die Pfanne setzen und zu kleinen Puffern platt drücken. Bei mittlerer Hitze 5 Minuten braten, wenden und weitere 5 Minuten braten.
4 Auf vier Teller verteilen und mit einem Klecks Crème fraîche servieren.

Falls kein Reis im Haus ist: Zucchinipuffer gelingen auch mit gekochten, geraspelten Kartoffeln.

Pasta und Risotto

Penne mit Zucchini und Champignons

Zutaten für 4 Personen
2 Zucchini • 200 g Champignons • 1 kleine Zwiebel • 1/2 Bund Salbei • 50 g Walnüsse • 2 EL Olivenöl • 2 EL Weißwein 250 g Sahne • Salz, schwarzer Pfeffer • 500 g Penne

**Zubereitungs-
zeit: 25 Minuten**

**779/3259 kcal/kJ
22 g Eiweiß
35 g Fett
94 g Kohlen-
hydrate**

1 Die Zucchini waschen, von Blütenansatz und Stielende befreien, erst in Scheiben, dann in Stifte schneiden. Die Champignons putzen und blättrig schneiden.

2 Die Zwiebel abziehen und würfeln. Die Salbeiblätter abzupfen und in Streifen schneiden. Die Walnüsse grob hacken.

3 Das Olivenöl in einer großen Pfanne erhitzen und Zucchini und Champignons darin 5 Minuten braten. Die Zwiebelwürfel zugeben und dünsten, bis sie glasig sind.

4 Salbeiblätter und Walnussstückchen zugeben und kurz mitgaren.

5 Den Pfanneninhalt mit dem Weißwein ablöschen, einkochen lassen und mit der Sahne aufgießen. Um ein Drittel einkochen und dann mit Salz und Pfeffer würzen.

6 In der Zwischenzeit die Penne in reichlich Salzwasser in 10 bis 12 Minuten al dente kochen.

7 Die Nudeln abgießen und sofort unter die Sauce heben. Nochmals mit Salz und Pfeffer abschmecken.

INFO Champignons können Sie frisch, als Konserve oder auch getrocknet kaufen. Achten Sie darauf, dass frische Pilze fest sind. Beschädigte und schmierige Pilze sollten Sie auf keinen Fall verwenden.

Tortelli mit Zucchinifüllung

**Zubereitungs-
zeit: 1 Stunde
und 15 Minuten**

**1234 / 5166 kcal / kJ
43 g Eiweiß
80 g Fett
87 g Kohlen-
hydrate**

Zutaten für 4 Personen
Für den Teig: 450 g Mehl • 4 Eier • Salz • 3 EL Olivenöl
Mehl zum Ausrollen
Für die Füllung: 2 Zucchini • 1 kleine Zwiebel • 2 EL Öl
50 g Pinienkerne • 1 Bund Basilikum • 50 g geriebener Peco-
rino • 200 g Ricotta • Salz, weißer Pfeffer • 1 Eiweiß
Für die Rosmarinbutter: 1 Schalotte • 2–3 Knoblauchzehen
1 großer Zweig Rosmarin • 150 g Butter • Saft und Schale
von 1/2 Zitrone • 100 g geriebener Parmesan

1 Das Mehl auf ein Backbrett sieben und in die
Mitte eine Mulde drücken.
2 Die Eier in einer
Schüssel verquirlen, sal-
zen, zusammen mit dem
Olivenöl in die Mulde
gießen und das Mehl vom
Rand her mit den Fingern
nach und nach mit den
Eiern vermischen.
3 Den Teig gut durchkneten, bis er geschmeidig
und glatt ist. Mindestens
30 Minuten in ein feuch-
tes Tuch gewickelt ruhen
lassen.
4 Die Zucchini waschen,
von Blütenansatz und
Stielende befreien und
grob raspeln. Die Zwiebel
abziehen und würfeln.

5 Zucchini und Zwiebel
im Öl dünsten, bis die
Zucchini weich sind. Die
Pinienkerne grob hacken
und kurz mitbraten.
6 Die Basilikumblätter
abzupfen und in Streifen
schneiden. Die Zucchini-
masse pürieren, mit Basi-
likum, Pecorino und Ri-
cotta vermischen und mit
Salz und Pfeffer würzen.
7 Den Teig auf einer bemehlten Arbeitsfläche
ausrollen. Kreise von
8 Zentimeter Durchmes-
ser ausstechen. Jeweils
1 Teelöffel der Füllung
darauf setzen, Ränder mit
Eiweiß bestreichen, die
Kreise zu Halbmonden
zusammenklappen.

8 Den Rand um die Füllungen gut andrücken. Die Spitzen der Halbkreise zusammenführen, andrücken, den hinteren Rand umklappen und auf diese Weise die Tortelli formen.

9 In einem großen Topf Salzwasser zum Kochen bringen. Die Tortelli einzeln hineingleiten lassen, 3 bis 4 Minuten garen und dann mit einem Schaumlöffel herausnehmen.

10 Für die Rosmarinbutter die Schalotte abziehen und sehr fein würfeln, den Knoblauch abziehen und zerdrücken und den Rosmarinzweig abzupfen.

11 Die Butter zerlassen, die Schalotte und den Knoblauch hineingeben und kurz andünsten. Rosmarinblätter, Zitronensaft und -schale hinzufügen und einige Sekunden mitbraten. Die Tortelli auf Tellern anrichten, mit der Rosmarinbutter begießen. Mit Parmesan bestreuen und servieren.

Mit einer Nudelmaschine sparen Sie sich das Ausrollen und produzieren exakt gleichmäßige Teigflächen. Handbetriebene Geräte gibt es ab etwa 70 DM.

Zu den selbst gemachten Tortelli schmeckt auch eine einfache Salbei- oder Safranbutter.

Zucchinilasagne

Zubereitungs-zeit: 1 Stunde und 20 Minuten

823/3445 kcal/kJ
32 g Eiweiß
39 g Fett
82 g Kohlen-hydrate

Zutaten für 4 bis 6 Personen
je 750 g grüne und gelbe Zucchini · 100 g Butter
200 ml Gemüsebrühe · 50 g Mehl · 750 ml Milch · Salz,
Pfeffer · 1 kleine Zwiebel · 2 Knoblauchzehen · 2 El Olivenöl
50 ml Rotwein · 1 Dose geschälte Tomaten à 800 g · Balsa-
micoessig · getrockneter Oregano · Zucker · 400 g Lasa-
gneblätter · 150 g geriebener Parmesan

1 Die Zucchini waschen, von Blütenansatz und Stielende befreien und getrennt in Scheiben schneiden.

2 Jede Sorte Zucchini in 2 Esslöffeln Butter andünsten, mit 100 Milliliter Gemüsebrühe aufgießen und in 10 Minuten weich garen.

3 In der Zwischenzeit für die Béchamelsauce 50 Gramm Butter zerlassen, das Mehl einrühren, mit der Milch aufgießen und unter Rühren aufkochen. Bei schwacher Hitze 15 Minuten kochen, bis eine dickflüssige Sauce entsteht. Häufig umrühren, da die Sauce leicht anbrennt. Mit Salz und Pfeffer würzen.

4 Zwiebel und Knoblauchzehen abziehen und würfeln. Im Olivenöl glasig dünsten, mit dem Rotwein ablöschen und die Tomaten zugeben. Mit einem Kochlöffel grob zerkleinern. 15 Minuten bei schwacher Hitze kochen.

5 Die Tomatensauce mit Balsamicoessig, Oregano, Zucker, Salz und Pfeffer würzen.

6 Eine Auflaufform buttern und mit Lasagneplatten auslegen. Die erste Schicht besteht aus grünen Zucchini, Tomatensauce und Parmesan, die zweite aus gelben Zucchini und Béchamelsauce. Beide mit Nudelplatten abdecken. Darauf nochmals eine Schicht mit grünen und eine mit gelben Zucchini legen. Mit Nudelplatten abdecken und mit Béchamelsauce und mit Parmesan bedecken.

7 Den Ofen auf 180 °C (Gas Stufe 2–3) vorheizen und die Lasagne 30 Minuten im Ofen backen, bis die Nudeln weich sind.

Tagliatelle mit Hähnchenbruststreifen

Zutaten für 4 Personen

500 g Hähnchenbrust · 4 EL Olivenöl · 2 Zucchini · 1 Zwiebel · 1 Bund Thymian · 100 ml Weißwein · 200 ml Hühnerbrühe · 2 EL Zitronensaft · Salz, weißer Pfeffer · 500 g Tagliatelle · 2 EL kalte Butter · 100 g geriebener Pecorino

Zubereitungszeit: 30 Minuten

855/3575 kcal/kJ
55 g Eiweiß
27 g Fett
93 g Kohlenhydrate

1 Die Hähnchenbrust in dünne Streifen schneiden. Das Öl in einer großen Pfanne erhitzen und das Fleisch bei starker Hitze anbraten.

2 Die Zucchini waschen, von Blütenansatz und Stielende befreien, in Stifte schneiden, zur Hähnchenbrust geben und 5 Minuten bei mittlerer Hitze mitbraten.

3 Die Zwiebel abziehen, würfeln, hinzufügen und dünsten, bis sie glasig ist.

4 Die Thymianblättchen abzupfen, hacken und in die Pfanne geben. Mit Weißwein und Hühnerbrühe ablöschen.

5 Kurz aufkochen und mit Zitronensaft, Salz und Pfeffer würzen.

6 In der Zwischenzeit die Tagliatelle in reichlich Salzwasser in 8 bis 10 Minuten al dente kochen.

7 Die kalte Butter flöckchenweise in die Sauce einrühren, um sie etwas anzudicken.

8 Die Nudeln abgießen und auf vier Teller verteilen. Die Sauce auf die Pasta geben und mit Pecorino bestreut servieren.

Risotto mit Entenbruststreifen, Austernpilzen und Zucchini

Zubereitungs-
zeit: 45 Minuten

610/2561 kcal/kJ
29 g Eiweiß
42 g Fett
26 g Kohlen-
hydrate

Zutaten für 4 Personen

4 EL Olivenöl · 1 Entenbrust à 300 g · 1 l Geflügel- oder Gemüsebrühe · 400 g Zucchini · 200 g Austernpilze · 1 Zwiebel · 2 Knoblauchzehen · 1/2 Bund Salbei · 400 g Risottoreis (Arborio) · 100 ml Weißwein · Salz, Pfeffer · 1 EL Butter 100 g geriebener Parmesan · 2 Stängel Petersilie

1 2 Esslöffel Olivenöl in einer Gusspfanne erhitzen, die Entenbrust auf der Fettseite mehrmals einschneiden und auf beiden Seiten anbraten. Mit der Fettseite nach unten 10 Minuten bei 220 °C (Gas Stufe 4–5) im Ofen braten. Umdrehen, weitere 6 Minuten garen, herausnehmen und ruhen lassen.

2 Die Brühe aufkochen und während der gesamten Zubereitung warm halten.

3 Die Zucchini waschen, von Blütenansatz und Stielende befreien, erst in Scheiben, dann in Stifte schneiden. Die Austernpilze putzen und zerkleinern.

4 Die Zwiebel abziehen und sehr fein würfeln. Das restliche Olivenöl in einem Topf mit schwerem Boden erhitzen und die Zwiebel darin goldgelb dünsten.

5 Den Knoblauch abziehen, hacken und mit Zucchini und Austernpilzen in den Topf zu der Zwiebel geben. Umrühren und 5 Minuten bei mittlerer Hitze garen. Den Salbei hacken und mitdünsten.

6 Den Reis hinzufügen und 2 Minuten glasig dünsten. Mit dem Wein ablöschen und einreduzieren lassen. Etwa die Hälfte der Brühe angießen, gut umrühren und aufkochen.

7 Den Reis bei schwacher Hitze in 20 Minuten bissfest garen. Dabei die restliche Brühe zugeben.

8 Die Entenbrust in Streifen schneiden und kurz vor Ende der Garzeit zugeben.

9 Den Risotto mit Salz und Pfeffer würzen. Butter und Parmesan unterheben.

10 Die Petersilie waschen, trocknen, fein hacken und vor dem Servieren darauf streuen.

Fischgerichte

Forellen im Zucchinibett

Zutaten für 4 Personen
4 Forellen à 250 g · Saft von 1 Zitrone · Salz, weißer Pfeffer
40 g Mehl · 2 EL Öl · 200 g Zucchini · 200 g Champignons
4 EL Butter · 150 ml Weißwein · 1 Bund Petersilie
2 EL Semmelbrösel

Zubereitungszeit: 50 Minuten

547/2286 kcal/kJ
64 g Eiweiß
22 g Fett
15 g Kohlenhydrate

1 Die Forellen waschen, trockentupfen, innen und außen mit Zitronensaft beträufeln und mit Salz und Pfeffer einreiben. Die Fische im Mehl wenden und 2 Minuten im Öl anbraten.

2 Die Zucchini waschen, von Blütenansatz und Stielende befreien und würfeln. Die Champignons putzen und große Exemplare halbieren.

3 Eine Auflaufform mit Butter fetten, Wein, Zucchini und Champignons hineingeben und salzen und pfeffern. Die Forellen darauf legen.

4 Die Petersilie hacken und mit den Semmelbröseln über Fische und Gemüse streuen. Mit Butterflöckchen belegen und zugedeckt 25 Minuten bei 200 °C (Gas Stufe 3–4) im Ofen backen.

Zucchinifächer mit Seeteufel im Safranfond

**Zubereitungs-
zeit: 45 Minuten**

**261/1097 kcal/kJ
18 g Eiweiß
17 g Fett
10 g Kohlen-
hydrate**

Zutaten für 4 Personen

*4 Zucchini · 1 Knoblauchzehe · 1/2 Bund Basilikum
4 EL Olivenöl · abgeriebene Schale und Saft von 1 Zitrone
400 g Seeteufelfilet · Salz, Cayennepfeffer · 500 ml Fisch-
oder Geflügelfond · 3 EL Orangensaft · 1 Beutel Safranfäden · 1 EL Speisestärke · 1 Bund Petersilie*

1 Die Zucchini waschen und jeweils 4-mal längs einschneiden, so dass sie am Stielende noch zusammenhängen. In kochendem Salzwasser etwa 3 Minuten blanchieren, abschrecken und abtropfen lassen.

2 Die Knoblauchzehe abziehen und durchpressen. Das Basilikum hacken. Beides mit 2 Esslöffeln Olivenöl, Zitronenschale und -saft vermischen.

3 Das Seeteufelfilet in 1/2 Zentimeter dicke Scheiben schneiden, salzen und mit der Basilikummischung bepinseln.

4 Eine Auflaufform einölen und die Zucchini aufgefächert hineinsetzen. Die Zwischenräume der Zucchinischeiben mit dem Seeteufel füllen und die Zucchini vorsichtig etwas zusammenschieben.

5 Die Zucchinifächer bei 200 °C (Gas Stufe 3–4) 12 Minuten im Ofen garen.

6 In der Zwischenzeit den Orangensaft aufkochen, die Safranfäden zugeben und die Flüssigkeit um die Hälfte reduzieren.

7 Die Speisestärke in etwas Wasser anrühren, zugeben, aufkochen und die Sauce damit andicken. Mit Salz und Cayennepfeffer würzen. Die Petersilie abzupfen, hacken und dazugeben.

8 Die Zucchini auf Tellern anrichten und mit der Sauce begießen.

Zucchini-Garnelen-Topf

Zutaten für 4 Personen
*500 g Zucchini • 1 kg rohe Riesengarnelenschwänze
1 Knoblauchzehe • 1 Stängel Zitronengras • 100 g ungesalzene Erdnüsse • 1 TL Sambal oelek • 1 TL gemahlener Koriander
1/2 TL Kurkuma • 1 TL abgeriebene Zitronenschale • 2 EL Erdnussöl • Salz, Cayennepfeffer • 2 TL helle Sojasauce
1 TL Zitronensaft • 1 EL Reiswein • 1 TL Speisestärke*

Zubereitungszeit: 1 Stunde und 10 Minuten

**503/2100 kcal/kJ
60 g Eiweiß
24 g Fett
11 g Kohlenhydrate**

1 Die Zucchini waschen, von Blütenansatz und Stielende befreien, halbieren und schräg in 1 Zentimeter dicke Scheiben schneiden.

2 Die Garnelen schälen, am Rücken einschneiden und den Darmfaden entfernen.

3 Die Knoblauchzehe abziehen und durchpressen. Das Zitronengras in feine Ringe schneiden. Die Erdnüsse grob hacken.

4 Knoblauch, Zitronengrasringe, Erdnüsse, Sambal oelek, Koriander, Kurkuma und Zitronenschale mischen, die Garnelenschwänze unterheben und etwa 30 Minuten marinieren.

5 Das Erdnussöl in einer großen Pfanne erhitzen und die Garnelenschwänze 2 Minuten bei starker Hitze von allen Seiten anbraten.

6 Herausnehmen, die Zucchinischeiben in die Pfanne geben und 8 Minuten bei mittlerer Hitze dünsten. Die Garnelenschwänze wieder hinzufügen und weitere 4 Minuten braten. Mit Salz und Pfeffer würzen.

7 Den Pfanneninhalt mit Sojasauce, Zitronensaft und Reiswein aufgießen. Die Speisestärke mit 2 Esslöffeln Wasser auflösen und das Zucchini-Garnelen-Gericht damit leicht binden. Anschließend servieren.

Riesengarnelen, auch Hummerkrabben, King Prawns oder – in Spanien – Gambas genannt, erkennt man am im Panzer spitz zulaufenden Schwanz.

Fleisch und Geflügel

Zucchini gefüllt mit Rinderhack, Mandeln und Rosinen

**Zubereitungs-
zeit: 1 Stunde**

**519/2172 kcal/kJ
28 g Eiweiß
31 g Fett
32 g Kohlen-
hydrate**

**Hackfleisch soll-
te man nach
dem Kauf sofort
in den Kühl-
schrank legen
und noch am
selben Tag zube-
reiten. Reste von
gegartem Hack-
fleisch lassen
sich im Kühl-
schrank einen
Tag aufbe-
wahren.**

Zutaten für 4 Personen
4 Zucchini • 50 g Rosinen • 1 Knoblauchzehe • 1 kleine Zwiebel • 2 EL Öl • 300 g Rinderhack • 100 g blättrige Mandeln
1/2 Bund Minze • Salz, weißer Pfeffer • 500 g passierte
Tomaten • Zucker • Piment • Kardamom

1 Die Zucchini waschen, von Blütenansatz und Stielende befreien und halbieren. Mit einem Teelöffel die Kerne und etwas Fruchtfleisch her- auskratzen, so dass eine Längsmulde für die Fül- lung entsteht. Das ent- fernte Fruchtfleisch grob hacken.

2 Zucchinihälften in ge- salzenem Wasser 5 Minu- ten blanchieren, abgießen und abtropfen lassen.

3 Die Rosinen in etwas warmem Wasser einwei- chen. Knoblauchzehe und Zwiebel abziehen und fein würfeln.

4 Das Öl erhitzen und das Hackfleisch unter Rühren anbraten. Zwie- bel und Knoblauch zuge- ben. Zuchinifruchtfleisch, Mandeln und abgetropfte Rosinen unterheben und 8 Minuten braten.

5 Die Minze hacken und dem Rinderhack hinzufü- gen. Mit Salz und Pfeffer abschmecken.

6 Die Tomaten mit 100 Milliliter Wasser ver- rühren. Mit Salz, Pfeffer, Zucker, Piment und Kar- damom würzen. In eine Auflaufform geben.

7 Zucchinihälften mit der Hackfleischmasse füllen und auf die Tomatensauce setzen. Bei 180 °C (Gas Stufe 2–3) 15 Minuten im Ofen überbacken.

Zucchiniquiche mit Chicorée und Speck

Zutaten für 4–6 Personen
200 g Mehl • 100 g Butter • 1 Ei • 400 g Zucchini • 2 EL Öl
2 EL Weißwein • Salz, Pfeffer • 125 g Bauchspeck • 1 Zwiebel
2 Stauden Chicorée • 5 Eier • 100 g Sauerrahm

Zubereitungszeit: 1 Stunde und 15 Minuten

677/2834 kcal/kJ
17 g Eiweiß
53 g Fett
34 g Kohlenhydrate

1 Das Mehl auf eine Arbeitsfläche sieben und die Butter in Flöckchen rasch mit den Fingern einarbeiten. Ei und 2 Esslöffel Wasser zugeben, zu einem glatten Teig verkneten und in Folie gewickelt 30 Minuten im Kühlschrank ruhen lassen.

2 Die Zucchini waschen, von Blütenansatz und Stielende befreien und in 1/2 Zentimeter dicke Scheiben scheiden.

3 Das Öl erhitzen und die Zucchinischeiben darin anbraten. Mit dem Weißwein aufgießen und zugedeckt 8 Minuten garen. Mit Salz und Pfeffer würzen.

4 Speck und Zwiebel würfeln. Den Speck in einer Pfanne auslassen, die Zwiebelwürfel zugeben und glasig dünsten.

5 Den Chicorée waschen. Den Wurzelansatz der Stauden keilförmig ausschneiden, die Blätter in etwa 1 1/2 Zentimeter breite Streifen schneiden und 1 Minute in kochendem, leicht gesalzenem Wasser blanchieren.

6 Den Teig auf einer bemehlten Arbeitsfläche rund ausrollen und in eine Quicheform geben. An den Rändern hoch drücken.

7 Zucchinischeiben, Chicoréestreifen und Speckwürfel auf den Teig geben. Eier mit Sauerrahm verrühren, mit Salz und Pfeffer würzen und über das Gemüse gießen.

8 Die Quiche bei 180 °C (Gas Stufe 2–3) 30 Minuten im Ofen backen, bis die Eimasse fest und die Oberfläche goldbraun ist.

Zucchinimoussaka

Zubereitungs-
zeit: 1 Stunde
und 30 Minuten

777/3253 kcal/kJ
34 g Eiweiß
55 g Fett
36 g Kohlen-
hydrate

Zutaten für 4 Personen
400 g Kartoffeln · 60 g Butter · 40 g Mehl · 500 ml Milch
Salz, Pfeffer · 2 Eigelbe · 2 EL geriebener Käse
600 g Zucchini · 6 EL Olivenöl · 2 Knoblauchzehen
400 g Lammhackfleisch · 1 Dose geschälte Tomaten
à 400 g · 1 Lorbeerblatt · 2 EL Sahne · 2 EL gehackte
Petersilie · Zucker

**Wenn Sie beim
Anbraten des
Hackfleischs je
eine Prise ge-
riebe Muskat-
nuss und Zimt
zugeben, be-
kommt Ihr
Moussaka
einen typisch
griechischen
Geschmack.**

1 Die Kartoffeln weich
kochen, schälen und in
Scheiben schneiden.
2 50 Gramm Butter in
einem kleinen Topf zer-
lassen, das Mehl ein-
rühren und die Milch auf-
gießen. Unter ständigem
Rühren aufkochen, so
dass eine klumpenfreie
Sauce entsteht. 15 Minu-
ten bei schwacher Hitze
ziehen lassen. Mit Salz
und Pfeffer würzen. Vom
Herd nehmen, Eigelbe
und Käse einrühren.
3 Die Zucchini waschen,
von Blütenansatz und
Stielende befreien und in
Scheiben scheiden. 4 Ess-
löffel Öl erhitzen und die
Zucchini darin braten.
Auf Küchenpapier ab-
tropfen lassen.

4 Die Knoblauchzehen
abziehen und würfeln.
Das restliche Olivenöl
erhitzen und das Hack-
fleisch darin anbraten.
Den Knoblauch hinzufü-
gen und kurz mitdünsten.
5 Die Tomaten zer-
drücken und mit dem
Lorbeerblatt zum Hack-
fleisch geben. 10 Minuten
kochen, Sahne und Peter-
silie einrühren und mit
Zucker, Salz und Pfeffer
abschmecken.
6 Eine Auflaufform buttern. Kartoffeln, Zucchini
und Hackfleisch nachein-
ander lagenweise hinein-
setzen, mit der Béchamel-
sauce überziehen und
30 Minuten bei 180 °C
(Gas Stufe 2–3) im Ofen
überbacken.

VARIANTE Anstatt des Lammhacks können Sie auch gemischtes Hackfleisch von Schwein und Rind verwenden. Die Zucchinischeiben können auch mit Auberginen gemischt werden, die genauso vorbereitet werden. Es empfiehlt sich jedoch, die Auberginenscheiben vor dem Braten zu salzen und kurz ziehen zu lassen, dann schmecken sie nicht bitter.

Knusprig gebratener Schweinebauch mit Zucchini-Bohnen-Mus

Zutaten für 4 Personen
400 g Zucchini · 1 Zwiebel · 4 EL Öl · 1 Dose Kidneybohnen à 400 g · 50 g Frischkäse · 2 EL Sahne · getrockneter Oregano · gemahlener Koriander · Paprikapulver, edelsüß Salz, schwarzer Pfeffer · 600 g Schweinebauch

**Zubereitungs-
zeit: 30 Minuten**

**850/3558 kcal/kJ
30 g Eiweiß
76 g Fett
14 g Kohlen-
hydrate**

1 Die Zucchini waschen, von Blütenansatz und Stielende befreien, längs vierteln und in kleine Stücke schneiden.

2 Die Zwiebel abziehen und würfeln. 2 Esslöffel Öl in einem großen Topf erhitzen. Zwiebelwürfel und Zucchinistücke darin kurz anbraten und dann 10 Minuten lang weich dünsten.

3 Die Bohnen abtropfen lassen und mit Frischkäse, Sahne und den Gewürzen zu den Zucchini geben.

Weitere 5 Minuten garen und anschließend pürieren. Mit Salz und Pfeffer abschmecken.

4 Den Schweinebauch von der Schwarte befreien und in 1 Zentimeter dicke Scheiben schneiden.

5 Das restliche Öl erhitzen und die Schweinebauchscheiben darin bei starker Hitze auf jeder Seite in 4 Minuten knusprig braun braten.

6 Das Zucchinimus auf vier Teller verteilen, das Fleisch darauf anrichten.

Involtini mit Zucchinifüllung

Zubereitungs-zeit: 45 Minuten

665/2791 kcal/kJ
74 g Eiweiß
31 g Fett
14 g Kohlen-hydrate

Zutaten für 4 Personen
2 Zucchini • 2 EL Pinienkerne • 2 Stängel Salbei
100 g Ricotta • 1 Eigelb • Salz, schwarzer Pfeffer
12 kleine Kalbsschnitzel • 2 EL Olivenöl • 250 ml Kalbs-brühe • 150 ml Marsala • 2 EL Butter

1 Die Zucchini von Blütenansatz und Stielende befreien und fein raspeln. Die Pinienkerne in einer beschichteten Pfanne ohne Fettzugabe anrösten und grob hacken. Die Salbeiblätter in feine Streifen schneiden.
2 Zucchiniraspel, Pinienkerne, Salbei, Ricotta und Eigelb verrühren und mit Salz und Pfeffer würzen.

3 Die Kalbschnitzel zwischen zwei Plastikfolien so dünn wie möglich klopfen. Auf den unteren Rand jeweils etwas der Zucchinifüllung geben, aufrollen, mit einem Zahnstocher feststecken. Salzen und pfeffern.
4 Öl erhitzen und die Röllchen rundherum anbraten. Mit der Hälfte der Brühe aufgießen und im

Involtini mit Zucchinifüllung sind eine delikate, süßscharfe Alternative zu Saltimbocca alla romana.

Ofen bei 180 °C (Gas Stufe 2–3) 15 Minuten braten.

5 Involtini aus dem Topf nehmen und zugedeckt warm stellen. Bratenfond mit Marsala und restlicher Kalbsbrühe loskochen. Einreduzieren lassen und mit Salz und Pfeffer abschmecken. Die kalte Butter in Flöckchen einrühren und die Bratensauce damit andicken.

6 Das Fleisch auf Tellern anrichten und mit der Sauce begießen.

TIPP Pinienkerne entfalten ihr volles Aroma, wenn man sie ohne Fett in der Pfanne röstet.

Kalbskeule mit Zucchini

Zutaten für 4 Personen
2 Zwiebeln • 800 g Kalbskeule • 4 EL Olivenöl • 500 g passierte Tomaten • Salz, Pfeffer • 1 kg Zucchini

Zubereitungszeit: 1 Stunde und 45 Minuten

1 Die Zwiebeln abziehen und würfeln. Das Fleisch abspülen, trockentupfen und in große Würfel schneiden.

2 2 Esslöffel Olivenöl erhitzen und Zwiebel- und Fleischwürfel kurz darin anbraten. Mit den passierten Tomaten und 200 Milliliter Wasser aufgießen, mit Salz und Pfeffer würzen und zugedeckt bei schwacher Hitze 1 Stunde schmoren.

3 Die Zucchini waschen, von Blütenansatz und Stielende befreien und in 3 Zentimeter große Stücke schneiden. Das restliche Öl erhitzen und die Zucchini darin 4 Minuten braten.

4 Nach 1 Stunde die Zucchini zum Fleisch geben und weitere 30 Minuten garen. Eventuell etwas Wasser nachfüllen. Vor dem Servieren nochmals abschmecken.

480/2013 kcal/kJ
52 g Eiweiß
20 g Fett
83 g Kohlenhydrate

Putenschnitzel im Zucchinimantel

**Zubereitungs-
zeit: 30 Minuten**

**354/1479 kcal/kJ
37 g Eiweiß
17 g Fett
13 g Kohlen-
hydrate**

Zutaten für 4 Personen

*200 g Zucchini • 200 g Möhren • 4 Putenschnitzel
Salz, Pfeffer • 2 Eier • 50 g Mehl • 4 EL Öl*

1 Zucchini von Blütenansatz und Stielende befreien, Möhren schälen. Beides fein raspeln und vermischen.

2 Die Putenschnitzel salzen und pfeffern. Die Eier verschlagen. Das Fleisch erst in Mehl, dann in Ei und abschließend im Gemüse wenden.

3 Das Öl erhitzen und die Putenschnitzel auf beiden Seiten anbraten. Die Hitze sofort reduzieren und das Fleisch in 10 Minuten fertig braten. Einmal wenden.

Rinderhüftbraten mit Zucchinisalsa

**Zubereitungs-
zeit: 1 Stunde**

**586/2457 kcal/kJ
42 g Eiweiß
43 g Fett
8 g Kohlen-
hydrate**

Zutaten für 4 Personen

*2 Zucchini • 2 Schalotten • 4 EL Olivenöl • 1 Avocado
Saft von 1 Zitrone • 1 EL Kapern • 1 Stängel Basilikum
Salz, Pfeffer • 800 g Rinderhüfte oder -oberschale*

1 Die Zucchini waschen, von Blütenansatz und Stielende befreien, längs vierteln und in kleine Würfel schneiden.

2 Die Schalotten abziehen und würfeln. In 2 Esslöffeln Olivenöl anbraten, die Zucchini zugeben und mitdünsten. Mit 3 Esslöffeln Wasser aufgießen und in 8 Minuten bei schwacher Hitze weich garen.

3 In der Zwischenzeit die Avocado schälen, den Kern entfernen und das Fruchtfleisch klein schneiden. Mit Zitronensaft, Kapern und Basilikumblättern pürieren.

4 Die Zucchini vom Herd nehmen, Avocadopüree unterheben, mit Salz und Pfeffer würzen. Auf Zimmertemperatur abkühlen lassen.

5 Das Fleisch kalt abspülen, trockentupfen, salzen und pfeffern.

6 Das restliche Olivenöl in einem Bräter erhitzen, die Rinderhüfte von allen Seiten scharf anbraten. Im Backofen bei 220 °C (Gas Stufe 4–5) 30 Minuten braten. Nach der Hälfte der Zeit wenden.

7 Den Braten aus dem Ofen nehmen und 5 Minuten ruhen lassen, damit sich die Fleischsäfte beruhigen können. In Scheiben schneiden und mit der Salsa servieren.

Putengeschnetzeltes mit Zucchini und Mais

Zutaten für 4 Personen

400 g Zucchini • 1 kleine Zwiebel • 1 Dose Mais • 600 g Putenbrust • 2 EL Öl • 100 ml Weißwein • 200 g Sahne getrockneter Thymian • Salz, Pfeffer

Zubereitungszeit: 35 Minuten

462/1931 kcal/kJ
42 g Eiweiß
24 g Fett
15 g Kohlenhydrate

1 Die Zucchini waschen, von Blütenansatz und Stielende befreien, halbieren und in dünne Scheiben schneiden. Die Zwiebel würfeln. Den Mais abtropfen lassen.

2 Die Putenbrust in Streifen schneiden. Das Öl in einer großen Pfanne erhitzen und das Fleisch anbraten. Zucchini und Zwiebel zugeben und mitdünsten, bis die Zwiebelwürfel glasig sind.

3 Den Mais unterheben und den Pfanneninhalt mit dem Weißwein ablöschen. Kurz einreduzieren lassen, mit der Sahne aufgießen und einkochen, bis die Sahne dickflüssig wird. Mit Thymian, Salz und Pfeffer abschmecken.

Gefüllte Hähnchenkeule

**Zubereitungs-
zeit: 1 Stunde
und 15 Minuten**

**890/3732 kcal/kJ
92 g Eiweiß
50 g Fett
14 g Kohlen-
hydrate**

**Um Geflügel
vorzubereiten,
sollte man nur
Bretter und
Messer benut-
zen, die man
gründlich reini-
gen kann. Bret-
ter aus Holz
oder Kunststoff
sind weniger
geeignet.**

Zutaten für 4 Personen
2 Zucchini • 1 gelbe Paprikaschote • 1 kleine Zwiebel • 4 EL Öl
2 Eier • 50 g Semmelbrösel • getrockneter Thymian • Salz,
Pfeffer • 8 Hähnchenkeulen • Paprikapulver, rosenscharf
300 ml Hühnerbrühe • 100 ml Weißwein

1 Die Zucchini waschen, von Blütenansatz und Stielende befreien und grob raspeln. Paprika halbieren, von Stielansatz, Kernen und weißen Zwischenwänden befreien und klein schneiden. Die Zwiebel würfeln.

2 2 Esslöffel Öl erhitzen und Zucchini, Paprika und Zwiebel 5 Minuten darin dünsten.

3 Die Eier in einer Schüssel verschlagen, Gemüse und Semmelbrösel zugeben, vermischen und mit Thymian, Salz und Pfeffer würzen.

4 Die Oberschenkel der Keulen auf der Rückseite bis zum Knochen einritzen, diesen mit einem kleinen Messer vorsichtig freilegen und am Gelenk herausdrehen. Die Fül-

lung in die entstandenen Öffnungen geben und die Keulen mit Küchengarn wieder zunähen.

5 Einen Bräter mit dem restlichen Öl auspinseln, die Hähnchenkeulen hineinsetzen und mit Salz, Pfeffer und Paprika bestreuen. 35 Minuten im Ofen bei 220 °C (Gas Stufe 4–5) braten.

6 Nach 15 Minuten die Hälfte der Brühe angießen. Die Keulen alle 5 Minuten begießen, damit die Haut knusprig wird.

7 Keulen herausnehmen, restliche Brühe und Weißwein zur Bratflüssigkeit geben, um 1/3 einreduzieren und mit Salz und Pfeffer abschmecken. Getrennt zum Hähnchen reichen.

Lammeintopf mit Kichererbsen und Zucchini

Zutaten für 4 Personen
400 g Kichererbsen • 400 g Zucchini • 400 g Lammschulter ohne Knochen • 1 Zwiebel • 2 Knoblauchzehen 2 EL Öl • 1 l Gemüsebrühe • 2 Zweige Thymian • 1 Lorbeerblatt • Cayennepfeffer • Salz, weißer Pfeffer • 1/2 Bund Petersilie

Zubereitungszeit: 1 Stunde und 45 Minuten; 12 Stunden Einweichzeit

**496/2083 kcal/kJ
28 g Eiweiß
31 g Fett
27 g Kohlenhydrate**

1 Am Vortag die Kichererbsen in 1 Liter Wasser einweichen.

2 Die Kichererbsen mit dem Einweichwasser in einen Topf geben, erhitzen und in ca. 1 Stunde weich kochen. Eventuell noch etwas Wasser zugeben. Abgießen und abtropfen lassen.

3 Die Zucchini waschen, von Blütenansatz und Stielende befreien, längs vierteln und in Stücke schneiden.

4 Fett von der Lammschulter entfernen. Das Fleisch gründlich von Sehnen und Häuten befreien und zerkleinern. Die Zwiebel und die Knoblauchzehen abziehen und fein würfeln.

5 Das Öl erhitzen und das Lammfleisch von allen Seiten scharf anbraten. Zwiebel, Knoblauch und Zucchini zugeben und mitdünsten.

6 Mit der Gemüsebrühe aufgießen und Kichererbsen, Thymian und Lorbeerblatt hinzufügen. Bei schwacher Hitze 30 bis 45 Minuten garen, bis das Lammfleisch weich ist. Mit Cayennepfeffer, Salz und weißem Pfeffer würzen.

7 Die Petersilie waschen, gut abtropfen lassen und fein hacken. Thymianzweige und Lorbeerblatt aus dem Eintopf entfernen und den Lammtopf mit Petersilie bestreut servieren.

Rezepte mit Zucchiniblüten

Auch mit Zucchiniblüten können Sie wunderbare und vor allem ungewöhnliche Köstlichkeiten zubereiten (Zutaten jeweils für 4 Portionen).

Zucchiniblütensuppe

300 g Zucchini • 150 g Zucchiniblüten
1 Frühlingszwiebel • 2 Knoblauchzehen • 1/2 Bund Petersilie • 2 EL Butter
800 ml Geflügelbrühe • Salz, Pfeffer
1 EL Crème fraîche • 200 g Hähnchenbrust • 100 g Champignons • 2 EL Öl

1 Zucchini von Blütenansatz und Stielende befreien, würfeln. Blüten von Stempel und Staubgefäßen befreien und in Streifen schneiden.

2 Die Frühlingszwiebel putzen, in Ringe schneiden. Knoblauch würfeln, Petersilie hacken. Beides in der Butter andünsten.

3 Die Hälfte der Blüten und die Zucchinistücke mitbraten. Mit Brühe aufgießen, mit 1 Esslöffel Petersilie, Salz und Pfeffer würzen und 25 Minuten kochen.

4 Die Suppe pürieren, aufkochen, abschmecken und die Crème fraîche einrühren. Warm halten.

5 Die Hähnchenbrust in Streifen, Champignons in Scheiben schneiden. Das Öl erhitzen, Fleisch anbraten, Pilze zugeben und 3 Minuten garen. Restliche Blüten und Petersilie kurz mitbraten und mit Salz und Pfeffer würzen.

6 Die Suppe in Tellern anrichten und die Fleischstreifen in die Mitte geben.

Gefüllte Zucchiniblüten

12 Zucchiniblüten • 300 g frisches Thunfischfilet • 4 Sardellenfilets
40 g Weißbrot • 2 Stängel Petersilie
1 Eigelb • getrockneter Thymian • Salz, weißer Pfeffer • 1 Ei • 50 g Mehl
3 EL Weißwein • Öl zum Frittieren

1 Aus den Blüten die Stempel und Staubgefäße entfernen.

2 Thunfisch und Sardellen hacken. Brot würfeln, Petersilie hacken.

3 Die so vorbereiteten Zutaten mit Eigelb vermischen. Mit Thymian, Salz und Pfeffer würzen. In einen Spritzbeutel mit einer großen Lochtülle füllen und in die Blüten drücken.

4 Das Ei trennen. Mehl, Wein und Eigelb verrühren. Das Eiweiß steif schlagen und unter den Teig heben.

5 Öl in einem Frittiertopf auf 180 °C erhitzen. Die Blüten durch den Backteig ziehen, 5 Minuten ausbacken und auf Küchenpapier abtropfen lassen.

Über den Autor

Norbert Müller studierte Anglistik. Als gelernter Koch arbeitet er zusätzlich als Rezepteredakteur und freier Autor für verschiedene renommierte Verlage.

Literatur

Hammelmann, Iris/Müller, Norbert: Ingwer. Südwest Verlag. München 1999

Handschmann, Johanna: Kürbis, Spitzkohl, Löwenzahn. Südwest Verlag. München 1998

Lange, Elisabeth: Probiotics – Bakterien für die Gesundheit. Südwest Verlag. München 1997

Oberbeil, Klaus/Lentz, Dr. med. Christiane: Obst und Gemüse als Medizin. Südwest Verlag. 4. Auflage, München 1997

Lücke, Dr. Susanne: Brot selbst gebacken. Ludwig Verlag 1998

Roßmeier, Armin: Das große Buch der leichten Küche. Südwest Verlag. München 1998

Zittlau, Dr. Jörg: Die besten Rezepte aus der Gewürzküche. Südwest Verlag. München 1998

Hinweis

Das vorliegende Buch ist sorgfältig erarbeitet worden. Dennoch erfolgen alle Angaben ohne Gewähr. Weder Autor noch Verlag können für eventuelle Nachteile oder Schäden, die aus den im Buch gemachten praktischen Hinweisen resultieren, eine Haftung übernehmen.

Bildnachweis

Alle Bilder stammen von Ute Schoenenburg (München), außer:
Südwest Verlag, München: Titel (Olaf Posselt/Ute Schoenenburg), 4 (Chr. Paxmann), 16 (Dirk Albrecht), 90 (Kai Mewes); Tony Stone, München: 1 (Diana Miller), 8 (Andy Sacks), 54 (Emmanuelle Dal Secco)

Impressum

© 1999 Südwest Verlag GmbH in der Verlagshaus Goethestraße GmbH & Co. KG, München

Alle Rechte vorbehalten. Nachdruck – auch auszugsweise – nur mit Genehmigung des Verlags.

Redaktion:
Sylvia Rein,
Gabriele Otto
Projektleitung:
Dr. Alex Klubertanz
Redaktionsleitung:
Dr. med. Christiane Lentz
Bildredaktion:
Ute Schoenenburg
Produktion:
Manfred Metzger
Umschlag:
Manuela Hutschenreiter, München
Layout:
Wolfgang Lehner
DTP:
Matthias Liesendahl

Printed in Italy
Gedruckt auf chlor- und säurearmem Papier

ISBN 3-517-08080-2